청소년을 위한 이야기 과학사

Galilei, Röntgen & Co

: Wie die Wissenschaft die Welt neu entdeckte

by Jürgen Teichmann

© 2014 by Arena Verlag GmbH, Würzburg, Germany.

www.arena-verlag.de

Korean Translation Copyright © 2008 by Woongjin Thinkbig Co., Ltd.

All rights reserved.

The Korean language edition is published by arrangement with

Arena Verlag GmbH through MOMO Agency, Seoul.

청소년을 위한
이야기

인류의 미래를 바꾼 과학의 위대한 첫걸음

위르겐 타이히만 지음 · 유영미 옮김

웅진 지식하우스

위대한 과학자들과 함께 떠나는
재미있는 과학 여행

학창시절 과학을 꽤 좋아해 과학 선생님으로부터 수제자라는 소리도 들었던 것 같은데 과학책을 재미있게 읽었던 기억은 별로 없다. 그래서일까? 공식 같은 걸 외워 시험은 잘 쳤지만 어른이 되니 왠지 과학적 교양과 소양이 부족한 것 같은 느낌이 든다. 사실 수업시간에 선생님한테 배우는 내용이 과학 지식을 습득하는 거의 유일한 통로였으니 그럴 만도 하다. 그때와 달리 요즈음에는 청소년들이 과학과 친해질 기회가 많아진 것 같다. 좋은 과학서들이 나와 있어 초등학교 때부터 벌써 상당한 과학 지식으로 무장한 아이들도 꽤 있다.

  여기까지 읽고 나면 꼭 시험 점수를 잘 받기 위해 과학서를 읽어야 한다는 이야기처럼 들릴지 모른다. 하지만 과학 교양서를 읽는 것은 그런 유익 말고도 더 큰 유익이 있다. 이 책에는 더욱이 '과학사' 라는 제목이 붙어 있다. 책을 다 읽고 나면 과학의 역사가 머릿속에 주마등처럼 스쳐 지나갈 것 같은 생각이 들 것이다. 그런 호기심과 함께 '과학사' 라면 왠지 지루한 책은 아닐까 하는 우려를 할 수도 있을 것이다.

과학에 혁명적인 변화를 가져온 최초의 순간들을 소설 형식으로 펼쳐보이는 이 책이라면 그런 우려는 접어두어도 좋다. 그냥 '갈릴레이의 낙하 법칙은 이렇고, 뢴트겐의 X선 발견은 저렇고' 하는 식이 아니라 그런 인식에 이르기까지의 과학자들의 탐구 과정과 자신의 이론을 증명하기 위해 실험을 설계하는 장면들을 생생하게 만날 수 있다.

그래서 이 책을 읽으면 예전에는 딱딱하게 느껴졌던 과학 용어나 이론들이 이제 그와 연관된 흥미로운 실험과 함께 친근하게 다가오게 될 것이다. 생소하고 어렵게만 들렸던 '결정학' 용어들조차 저자가 구성한 흥미롭고 생동감 넘치는 상황 속에서 구체적으로 느껴지게 된다.

과학의 위대한 발견·발명들은 한 천재 과학자만의 공로로 이루어지는 것이 아니다. 그 어떤 과학자도 '맨땅에 헤딩'한 사람은 없다. 아리스토텔레스의 사고 과정이 선행되지 않았다면 낙하에 대한 갈릴레이의 새로운 인식도 없었을 것이고, 네덜란드에서 망원경이 발명되지 않았더라면 새로운 우주상이 전개되지 못했을 것이다. 또 갈바니가 없었다면 볼타도 없었을 것이고, 공기 펌프나 진공관이 개발되지 않았더라면 뢴트겐의 X선 발견도 없었을 것이며, 퀴리 부부와 페르미의 연구가 없었다면 오토 한과 리제 마이트너 팀의 원자핵 분열 발견도 없었을 것이다.

그렇기에 앞으로 이루어질 과학의 발전도 기존 과학자들의 연구 토대 위에서 조금 더 나아가는 것에 다름 아니다. 이 책은 과학자들이 이렇듯 주어진 연구 토대 위에서 한 걸음 한 걸음 앞으로 나아가고 학문적 인내심을 가지고 끝까지 매달린 끝에 거의 '우연에 가깝게' 최종 결론에 도달하게 되는 과정 전체를 생생하게 보여준다. 그 모든 이야기들이 과학자를 꿈꾸는 청소년들에게, 아니 비단 과학뿐 아니라 어떤 분야에서든 인생의 꿈을 펼쳐나가고자 하는 청소년들에게 삶의 소양과 자세에 대해 다시 한 번 생각해보게 해줄 것이다.

많은 청소년들이 이 책을 읽고 과학 상식이나 과학적 사고력뿐 아니라, 인생을 살아가는 지혜까지 키울 수 있었으면, 그리고 우리의 일상이 얼마나 많은 과학적 인식과 연결되어 있는가를 실감하고 그것들을 조금 다른 눈으로 볼 수 있었으면 좋겠다.

2008년 6월
유영미

차례

옮긴이의 글
위대한 과학자들과 함께 떠나는 재미있는 과학 여행 · · · · · · · · · · · · · · · · · · · 5

1 갈릴레이의 사고 실험 · · · · · · · · · · · · · · · 11

갈릴레이 씨, 납과 나무 중 뭐가 더 먼저 떨어져요? | 아리스토텔레스의 생각을 실험하다 | 모든 것은 똑같은 속도로 떨어진다! | 갈릴레이의 점프대 | 자유 낙하 제2라운드

2 거대해진 하늘 · 37

인간이 독수리보다 시력이 좋다면 | 기적의 파이프, 망원경 | 달의 바다를 발견하다? | 금성은 태양 주위를 돈다. 그렇다면 지구도…… | 태양에 점이 있다니!

3 번개를 저장하는 방법 · · · · · · · · · · · · · · · 61

과학에 대한 수다 | 신의 손에서 무기를 빼앗다 | 손끝의 작은 폭발 | 전기의 정체 | 번개는 정말 전기일까?

4 세계 최초의 배터리 · · · · · · · · · · · · · · · · · 91

전기 고문하는 남자 | 경련하는 개구리 뒷다리 | 근육에 숨은 전기 | 동물 전기 vs. 금속 전기 | 볼타의 기둥

5 태양에 숨겨진 비밀 · 121

구사일생으로 살아난 소년 | 렌즈의 세계에 발을 들여놓다 | "제가 하늘나라로 가는 길을 보여드리지요" | 빨강부터 보라까지, 프라운호퍼선 | 빛의 속도를 측정하다

6 움직이는 해골들 · 151

뢴트겐을 조사하라! | X선이 발견되기까지 | 우연을 필연으로 바꾼 과학자 | 몸속을 훤히 들여다보다 | 파도처럼 출렁이는 빛 | 생물학 혁명을 이끌다

7 결정들의 천일야화 · 187

크리스털의 세계 | 다이아몬드 전기 실험 | 완벽한 것보다 결함이 있는 것이 좋다 | 빈자리를 채우는 낯선 원자 | 규소와 반도체 형제 | 떨고 있는 게르마늄

8 나노 세계의 모험 · 223

핵 기술은 어떻게 시작되었을까? | 원자의 구조를 밝히다 | 일조분의 일 밀리미터에서 나오는 에너지 | 무시무시한 작은 태양을 만들다

과학사 연표 · 247

1

갈릴레이의 사고 실험

갈릴레이 씨, 납과 나무 중 뭐가 더 먼저 떨어져요?
아리스토텔레스의 생각을 실험하다
모든 것은 똑같은 속도로 떨어진다!
갈릴레이의 점프대
자유 낙하 제2라운드

갈릴레이 씨, 납과 나무 중 뭐가 더 먼저 떨어져요?

1590년 6월 6일, 아름다운 초여름 날 젊은 대학교수 갈릴레오 갈릴레이는 생각에 잠겨 피사의 사탑 주변을 산책하고 있었다. 꼬마들이 광장에서 돌과 나무 조각을 성당의 낡은 벽 위로 던지면서 놀고 있었다. 돌과 나무 조각들은 '딱' 하는 소리를 내며 벽에 부딪힌 뒤 아래로 떨어졌다. 어떤 것은 빠르게, 어떤 것은 느리게.

'언제 피사의 사탑에 올라가 돌과 나무 조각을 동시에 떨어뜨려 보아야겠어. 어느 것이 더 빨리 떨어질까? 납 조각과 나무 조각을 던진다면 뭐가 더 빨리 떨어질까? 납은 돌보다도 훨씬 무거우니까 가벼운 나무 조각보다는 더 빨리 떨어지겠지.…… 위대한 그리스 철학자이자 누구나 존경하는 스승인 아리스토텔레스는 오래전에 이미 그렇게 주장했었다. 그와 그 제자들의 글에도 그렇게 쓰여 있고……. 그런데 혹시 그 생각이 틀린 것은 아닐까? 최근 아리스토

GALILÆI GALILÆI LYNCEI
Dialog. tam eos quos edidit
DE SYSTEMATE MUNDI
quam quos
DE MOTU LOCALI

LUGD. BATAV. Apud { FREDERICUM HAARING et
DAVIDEM SEVERINUM
M. DCC. } Bibliopolas.

갈릴레이의 대표적인 천문학 저서의 표지. 왼쪽부터 차례대로 작은 돌을 손에 든 아리스토텔레스, 커다란 돌을 손에 든 프톨레마이오스, 두 개를 함께 들고 있는 코페르니쿠스.

텔레스의 주장이 틀렸다고 말하는 학자들도 생겨나지 않았는가. 음, 그러니까 한번 실험을 해보는 게 좋을 테지…….'

이런 생각은 갈릴레이의 뇌리를 떠나지 않았다. 그리하여 오후에 철학자 친구 야코포 마초네가 집에 들르자 갈릴레이는 이렇게 물었다. "납이랑 나무 조각을 던지면 어느 쪽이 더 빨리 땅에 떨어질 것 같나?"

"그야 물론 납이지."

"어떻게 그렇게 단정할 수 있지?"

"자네 정말 몰라서 묻는 건가? 아리스토텔레스가 이미 말했잖나, 이 사람아. 돌이든 금속이든 나무든 땅에 속한 모든 것은 땅에 떨어져. 땅이 고향이니까 말이야. 그리고 무거울수록 고향에 더 빨리 돌아가고 싶어하지."

"아리스토텔레스가 틀렸다면?"

"이 사람아! 그는 세상에서 가장 위대한 철학자라고!"

갈릴레이가 말했다. "잘 들어보게. 아리스토텔레스는 무거울수록 땅에 빨리 떨어진다고 말했어! 자, 여기 내 책상 위에 큰 연필하고 작은 연필이 있네. 큰 것이 작은 것보다 열 배는 더 무겁지. 그럼 큰 연필과 작은 연필을 동시에 떨어뜨린다면 큰 연필이 먼저 떨어지겠지?"

"그야 물론이지."

"자, 그럼 내가 두 연필을 묶어서 떨어뜨린다면?"

"아리스토텔레스에 따르면 큰 것과 작은 것의 묶음은 큰 것 하나보다 빨리 떨어져. 더 무거워졌으니 말이야."

갈릴레이는 미심쩍은 표정으로 고개를 흔들었다. "하지만 혼자 떨어질 때는 작은 것이 더 느렸었는걸. 아리스토텔레스의 말대로 작은 것은 큰 것만큼 빨리 땅으로 되돌아가고자 하지 않기 때문이지."

야코포가 생각에 잠겼다. "흠, 그러니까 작은 연필이 빨리 떨어지려고 하는 큰 연필을 오히려 방해할 거란 말이지. 그럼 큰 것과 작은 것의 묶음은 큰 거 하나보다 더 느리게 떨어진다?"

갈릴레이는 말을 이었다. "그러나 그럴 수도 없어. 아리스토텔레스에 따르면 큰 것과 작은 것의 묶음이 더 빨리 떨어져야 해. 두 개 합친 것이 큰 거 하나보다 더 무겁기 때문이지. 하지만 어떻게 생각하면 두 개 묶음은 더 느리게 떨어져야 해. 작은 것이 자꾸 제동을 거니까 말이야. 그렇다고 하면……."

"자네 말이 맞아." 마초네가 말을 가로챘다. "실험을 해볼 필요도 없어. 아리스토텔레스가 틀렸다는 것이 입증됐네. 큰 것과 작은 것의 묶음은 큰 것 하나보다 더 빨리 떨어질 수 없어. 그러나 더 느리게 떨어질 수도 없지. 실제로 더 무거우니까 말이야. 따라서 그 둘은 똑같은 속도로 떨어질 수밖에 없어."

마초네는 머리를 쓰느라 이마를 찌푸리며 말을 이었다. "모든 연필들은 크기에 상관없이 똑같은 속도로 떨어진다. 모든 나무 조각들은 똑같은 빠르기로 떨어진다!"

갈릴레이는 고개를 끄덕였다. "난 철 조각이든 구리 조각이든 같은 재료로 된 모든 것은 똑같은 속도로 떨어진다고 생각해왔어. 나보다 먼저 그런 생각을 한 사람들도 있었지. 그러나 이제 납과 나무 조각을 비교하면 어떨까? 이제 생각만으로는 통하지가 않아. 납이 정말로 나무보다 더 빨리 떨어질지도 몰라. 납은 여하튼 아주 커다

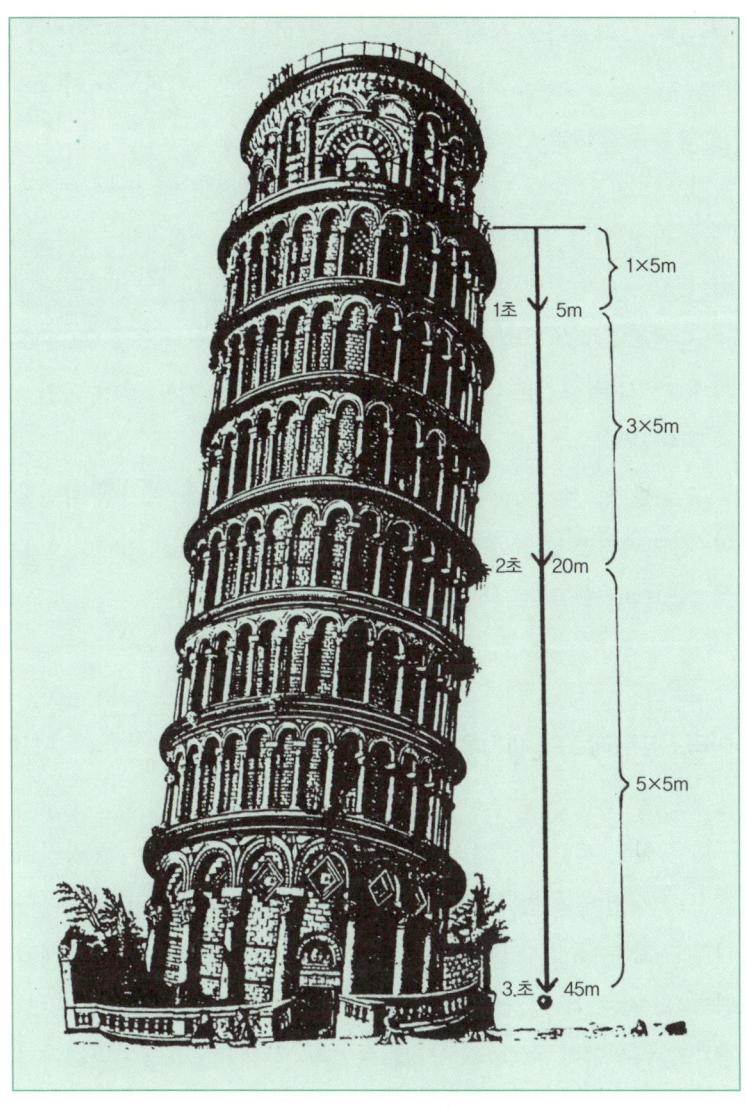

1×5m

1초 5m

3×5m

2초 20m

5×5m

3초 45m

피사의 사탑으로부터의 자유 낙하. 그러나 1590년 갈릴레이는 아직 이런 낙하 법칙을 간파하지는 못했다. 이 실험을 통해 그는 납이 나무보다 언제나 조금 먼저 떨어진다는 것을 알아냈다고 믿었다.

란 나무 조각보다도 훨씬 무거우니까 말이야. 납의 밀도는 훨씬 크지. 그러면 낙하 속도가 밀도에 달려 있는 것일까? 피사의 사탑에서 실험을 해보는 건 어때? 피사의 사탑은 꽤 높으니까."

마초네는 그리스 철학의 신봉자로서 그런 생각이 마뜩찮았다. "뭣하러 그걸 실험으로 증명을 하려는 거지? 실험을 하는 것은 부자연스러운 거란 말일세. 자연은 자연이 우리 눈앞에 보여주는 대로 자연스럽게 연구해야 한다고. 그래야만 진실에 다가갈 수 있어. 자네 생각에는 납 조각과 나무 조각이 함께 떨어지는 일이 자연스런 일인가?"

그러나 마초네는 젊은 친구 갈릴레이의 총명함과 열정에 감탄했다. 갈릴레이는 납 조각과 나무 조각도 뭔가 자연적인 이유로 하늘에서 떨어질 수 있을지도 모른다고 마초네를 설득했다.

아리스토텔레스의 생각을 실험하다

다음 날도 전날처럼 화창했다. 갈릴레이와 마초네는 이른 아침에 피사의 사탑에서 만났다. 광장에는 인적이 드물었다. 갈릴레이는 나무 조각과 납 조각 몇 개를 들고 탑에 올라갔고, 마초네는 아래에 남았다. 저 아래 마초네가 저만치 물러서 있었다. 납 조각을 맞고 싶지 않아서였다. 마초네는 몇몇 행인이 지나가는 것을 기다렸다가 손뼉을 쳤다. 잠시 후 납과 나무가 바닥에 떨어졌다. 납이 정말로 나무 조각보다 조금 빨랐다.

아리스토텔레스가 옳았던 것일까? 납은 납작한 모양이었으나,

마초네에게 그런 건 알 바 아니었다. 마초네는 다시 손뼉을 쳤다. 다음 쌍이 순식간에 떨어졌다. 이번에도 납이 조금 더 빨랐다! 다음 쌍이 또 떨어졌고 두 쌍이 더 떨어졌다. 매번 납이 빨랐다. 떨어질 때마다 시간 차가 다 달랐고 어떤 때는 간발의 차이로 승자가 되었지만 말이다.

갈릴레이와 마초네가 내린 결론은 이렇다. 납이 나무보다 더 빠르게 떨어진다. 그렇다면 철은 납보다는 느리게, 나무보다는 빨리 떨어질 것이다. 갈릴레이의 실험을 정리하면 다음 표처럼 나타낼 수 있다. 즉 밀도가 높을수록 빨리 떨어진다.

• 각 물질의 밀도 (g/cm³)

납	11.3
철	7.9
물	1.0
나무	약 0.6

이것은 별 새로운 것이 아니다. 아리스토텔레스가 이미 수백 년 전에 주장했던 내용이기 때문이다. 하지만 갈릴레이는 그것을 의심했기에 유명해졌다. 그런 명백한 결과를 의심했기 때문이다. 실험 결과는 이미 충분히 예상했던 것인지도 모른다. 낙하 시차는 아주 작았고, 그것이 벌써 아리스토텔레스의 주장과 모순된 것이었다. 납은 나무보다 약 19배나 무거우니까 그만큼 더 빨리 떨어져야 했을 것이다. 갈릴레이는 그 이유를 공기저항에서 찾았다. 물속에서 납은 훨씬 더 천천히 가라앉고, 나무는 뜬다. 따라서 공기나 물의

밀도를 함께 고려해야 한다고 생각했다. 그러나 갈릴레이가 이런 생각을 하기까지는 몇 년이 걸렸다. 이런 연관을 서서히 깨닫기 시작했을 때 그는 이미 파도바 대학의 교수가 되어 있었다.

사고실험

갈릴레이는 정말로 피사의 사탑에서 실험을 했을까? 사실 그런 실험들이 정말로 실시되었는지, 아니면 모든 것이 이론적인 것이었는지는 알 수 없다. 오늘날도 상황은 크게 다르지 않다. 무엇인가 새로운 것이 발견되거나 발명되면, 나중에 대부분은 그 모든 것이 어떻게 진행되었는지 정확히 알지 못한다. 그러나 무작정 실험을 할 일이 아니라 언제나 무엇을 하고자 하는지 좀더 세심하게 생각해야 한다는 건 당시나 오늘날이나 똑같다.

실제로 이와 같은 실험을 한다면 어떨까? 무거운 가위와 나뭇가지를 동시에 떨어뜨리면 어떻게 될까? 피사의 사탑에서와는 다르게 그것들은 동시에 아래쪽으로 떨어질 것이다. 가위가 먼저 떨어져야 하는데도 말이다. 물론 피사의 사탑은 훨씬 높고, 그래서 거기서 떨어뜨리면 틀림없이 나뭇가지가 더 늦게 지면에 도착할 것이다.

하지만 모든 실험을 무조건 신뢰해서는 안 된다. 확신이 들 때까지 실험 조건을 변화시켜가며 실험을 해보아야 한다. 반면 갈릴레이가 가벼운 연필과 무거운 연필을 가지고 했던 것과 같은 예리한 생각은 백퍼센트 유용하다. 이런 것을 사고실험이라고 한다. 하지만 생각만으로 가능하지 않은 경우도 많다.

모든 것은 똑같은 속도로 떨어진다!

파도바에서 갈릴레이는 이미 아주 유명했다. 학생들과 친구들, 호기심 있는 사람들이 그를 가만히 내버려두지 않았다. 모두가 그의 지식과 날카로운 이성, 실험에 대해 놀랐다. 파도바는 당시 베네치아 공화국에 속해 있었다. 베네치아 공화국은 막강한 해군력을 자랑했고, 가톨릭에 대해 순종적이지 않았으며, 새로운 것, 무엇보다 돈과 힘을 가져다주는 새로운 기술에 관심이 있었다. 과학에도 관심이 많았다. 과학은 요새 구축, 수리 공사, 포술에 도움을 주었기 때문이다. 17세기 초는 전복의 시대였다. 세계는 과학의 혁명을 맞고 있었다.

갈릴레이는 친구 살비아티와 식사를 하고 있었다. 한창 이런저런 이야기를 하던 중에 살비아티가 실수로 나이프를 떨어뜨리자 갈릴레이가 미소를 지으며 물었다.

"금속과 나무, 어느 쪽이 더 빨리 떨어질까?"

"그야 물론 금속이지. 피사 실험에서 단번에 증명되지 않았는가."

"그렇게 생각하나? 내가 저녁 식사 후에 실험 몇 가지를 선보이겠네."

살비아티는 궁금해서 음식이 넘어가지 않을 지경이었다. 하지만 갈릴레이는 조용히 식사를 마친 다음, 포도주를 한 모금 크게 들이켜고는 일어섰다. 갈릴레이는 살비아티를 물이 담긴 유리 그릇 앞으로 데려가서 이렇게 말했다.

"자네, 나무보다 몇 배나 무거운 납이 피사 실험에서 간발의 차이로 나무보다 빨리 떨어졌다는 거 기억나는가?"

"그야 물론 자네가 말해주지 않았나."

"그렇다면 납 조각과 나무 조각을 물에 떨어뜨리면 어떻게 될 것 같은가?"

"납은 공기 중에서보다 천천히 바닥에 가라앉겠지. 나무는 가라앉지 않고 뜰 거고."

"좋아, 그럼 물에 가라앉는 물건들이 같은 크기라고 생각해보자고. 계란 모양의 대리석과 진짜 계란. 어떻게 될까?"

"대리석이 훨씬 빨리 가라앉겠지."

"약 열 배 더 빠르지. 내가 재어보았네. 자, 난 지붕으로 올라갈 테니, 자네는 거리로 나가 관찰해보게. 내가 대리석 계란과 진짜 계란을 지붕에서 떨어뜨리면 어떤 일이 일어날 것 같은가?"

"납과 나무를 떨어뜨렸을 때와 비슷하겠지 뭐."

갈릴레이는 실험을 선보이며 학문을 위해 대리석 계란과 진짜 계란을 희생시켰다. 대리석 계란은 박살 났고 진짜 계란은 깨졌다. 살비아티는 둘 다 이미 알고 있었던 것을 확인했다. 대리석 계란이 진짜 계란보다 조금 더 먼저 땅에 떨어졌던 것이다.

"자, 이제 모든 것이 분명해졌어." 갈릴레이가 환호성을 질렀다. "결정적인 것은 물 또는 공기의 저항이야. 물의 저항은 아주 커서 무거운 대리석보다 가벼운 계란에 더 세게 제동을 걸어. 하지만 공기의 저항은 작아서 그 둘이 별 차이 없이 떨어지게 되는 거지. 그리고 이제 중요한 것은 저항이 없다면, 그러니까 공기가 없다면……."

"그렇다면……." 살비아티가 목소리를 떨며 결론을 내렸다. "그렇다면 모든 것, 정말로 모든 것이 똑같은 빠르기로 떨어지게 되겠군, 대리석 덩어리나 닭털이나 똑같이."

"나는 그렇게 확신한다네." 갈릴레이가 말했다.

중력과 공기저항

갈릴레이는 모든 것은 똑같은 빠르기로 떨어지며, 공기의 저항만이 낙하 속도를 늦춘다는 것을 실험으로 증명했다. 그럼 왜 모든 것이 똑같은 빠르기로 낙하할까? 왜 솜털은 대리석 덩어리와 무거운 공, 납 조각 또는 나무 조각과 똑같은 빠르기로 땅으로 돌아가고 싶어할까?

소형 자동차와 커다란 화물차가 신호등 앞에 나란히 서 있다고 생각해보자. 두 차가 같은 시간에 다음 교차로에 닿으려면 엔진은 각각 얼마나 세어야 할까? 소형차는 약한 엔진으로 충분하고, 화물차는 아주 강한 엔진이 필요하다. 화물차는 더 무거우므로 나아가는 데 더 강하게 저항하기 때문이다.

지구의 끄는 힘은 자동차의 엔진처럼 솜털과 대리석 덩어리와 공을 아래로 잡아당기는 힘이다. 이런 힘은 대리석의 경우 공보다 훨씬 세고, 공이 솜털에서보다 더 세다. 반면 대리석 덩어리는 이 힘에 더 세게 저항을 하게 되고, 그런 이유로 공이나 솜털보다 더 굼뜨다. 자신의 운동상태를 유지하려는 이런 성질을 '관성' 이라고 한다. 즉, 대리석은 지구의 '엔진'이 강한 만큼 더 굼뜨다.

정리하자면, 솜털, 대리석 덩어리, 공은 소형차와 화물차가 같은 시간에 다음 교차로에 도착하는 것과 마찬가지로 똑같은 빠르기로 낙하한다. 하지만 공기가 솜털을 방해한다. 공기라는 요인을 제거하면 모든 것이 똑같다.

갈릴레이의 점프대

갈릴레이는 베네치아의 병기 창고에 자주 갔다. 그곳은 중앙 기술 창고, 즉 기계 공원이라 할 수 있었다. 거기에는 무기와 무기를 만드는 도구, 배를 건조하는 도구, 배, 크레인, 도르래, 드롭해머 등등이 있었다. 갈릴레이는 기술에 아주 관심이 많았다. 새로운 발명품으로 돈을 벌어들이고 싶었을 뿐 아니라 모든 것을 이해하고자 했기 때문이다.

어느 날 병기 창고에 간 갈릴레이는 드롭해머 앞에서 걸음을 멈추었다. 일꾼들이 도르래를 이용해 드롭해머, 즉 쇳덩이를 들어 올려 기둥 위로 내려쳤다. 그러면 기둥은 땅 속으로 조금 더 박혔다. 그런 기계들은 베네치아에서는 아주 중요했다. 건물을 지탱할 수 있도록 해안호의 진흙 바닥에 수많은 기둥을 박아야 했기 때문이다.

갈릴레이가 외쳤다. "여기, 이 드롭해머를 한번 절반 높이에서 떨어뜨려보시겠소?"

"그렇게 합죠." 일꾼들은 그렇게 소리치고 드롭해머를 반쯤만 올렸다. 드롭해머가 떨어지자, 기둥은 먼젓번의 반만큼만 땅 속으로 들어갔다. 갈릴레이는 그런 현상을 벌써 여러 번 보아왔고 기둥이 박힌 정도를 정확히 측정하곤 했다. 한 가지는 확실했다. 드롭해머가 높은 곳에서 떨어질수록 더 큰 속력으로 기둥에 충돌한다는 것. 그리고 기둥을 그만큼 더 바닥으로 밀어 넣는다는 것.

더 높은 곳에서 떨어질수록 마지막에는 속도가 더 빠르다. 그러니까 피사의 사탑에서 떨어지는 물건도 점점 더 속도가 빨라진다는

드롭해머. 갈릴레오가 활동하던 당시 중요한 건설 장비였다.

이야기다. 5미터를 낙하한 다음에는 얼마나 빨라질까? 또는 50미터를 떨어진 다음에는 얼마나 빨라질까?

그리고 매순간 속도가 빨라지면 대체 어떻게 속도를 잴 수 있을까? 갈릴레이는 드롭해머의 경우 소위 속도의 순간 값이 있다고 확신했다. 철퇴가 기둥을 치는 순간 속력은 밀치는 힘으로 변환되었다. 기둥이 땅으로 박히는 정도는 충돌 직전의 마지막 속력에 상응했다.

높이를 두 배로 하면 드롭해머는 두 배로 힘이 세어지는 것이 분명했다. 따라서 드롭해머의 충돌 속도도 두 배로 커졌던 것일까? 세 배 높이에서 떨어뜨리면 속도도 세 배가 될까? 갈릴레이는 오랫동안 그렇게 믿었다. 그것은 놀랍게 단순했고, 단순할수록 진실일 확률이 더 컸다. 갈릴레이는 자연의 모든 것은 하느님이 가능한 한 간단하게 만들어놓았다는 것을 의심하지 않았다.

하지만 오늘 갈릴레이는 멍한 표정으로 파도바로 돌아왔다. 갈릴레이를 아는 사람들은 모두 갈릴레이가 그 표정을 지을 때면 뭔가를 깊이 생각하고 있는 거라는 것을 알았다. 갈릴레이가 집으로 돌아와 미안하다고 하면서 일주일에 세 번 그에게서 무기와 요새 구축, 기계에 대한 지식에 대해 개인 지도를 받는 귀족 학생들을 돌려보냈을 때 살비아티도 그것을 눈치 챘다.

살비아티는 갈릴레이가 저녁 식사를 하면서 도무지 식욕이 돌지 않는 듯 음식을 끼적거리자 조마조마해서 헛기침조차 할 수가 없었다. 드디어 갈릴레이가 일어섰다.

"살비아티, 우리가 오랫동안 얼마나 틀린 것을 믿어왔는지, 그리고 어떻게 숙고만으로 실수를 깨닫고 새로운 해답을 발견할 수 있는지 들어보겠나?"

"물론이지." 살비아티가 안도하며 외쳤다.

"그럼, 내일 내 강의에 들어오게나. 모든 학생들이 우리가 얼마나 머리를 쓰지 않고 살았는지 알게 될 걸세."

갈릴레이의 강의에는 보통 수강생이 많았다. 갈릴레이는 흥미로운 주제들을 모두가 알아들을 수 있도록 설명을 잘 하는 선생이었다. 그가 강의실에 들어가자 학생들은 쥐 죽은 듯이 조용해졌다.

갈릴레이가 입을 열었다. "여러분, 우리는 이미 땅에 떨어지는 모든 것이 낙하하는 동안 낙하 속도가 점점 빨라진다는 것을 알고 있습니다. 그리고 난 종종 여러분에게 낙하 거리가 두 배가 되면 속도도 두 배가 된다고 말하곤 했습니다. 하지만 얼마 전에 그렇지 않다는 것을 깨달았습니다. 벌써 내 생각을 따라잡은 사람은 없습니까? 그리 어렵지 않은데요."

아무도 답이 없었다.

갈릴레이는 계속했다. "드롭해머가 1초에 5미터를 낙하한다면 10미터를 낙하하는 데는 시간이 얼마나 걸릴까요?"

강의실은 여전히 쥐 죽은 듯했다.

결국 살비아티가 머뭇머뭇 대답을 했다. "역시 1초입니다."

"그럼 15미터는요?"

이제 학생들 몇몇이 입을 모아 대답했다. "1초요."

"왜 그렇죠?"

갈릴레이는 학생들의 대답을 기다리지 않고 설명하기 시작했다. "속도가 두 배, 세 배가 되니까 그렇죠. 그러나 그것은 말도 안 됩니다. 그럼, 드롭해머는 아무리 거리가 멀어도 1초에 통과한다는 이야기이니까요. 5미터건, 10미터건, 15미터건 상관없이 말이에요. 그렇다면 드롭해머는 심지어 순식간에 무한한 거리도 낙하할 수 있다는 이야기인데, 절대로 그렇게 될 수는 없습니다. 얼마 전에 그 사실을 깨달았습니다. 하지만 이제야 생각을 통해 또 다른 만족스런 해답을 찾았습니다. 속도가 커지기는 하지만 낙하 거리에 정비례해서 커지지는 않습니다. 그보다 작게 커지지요. 낙하 거리가 4배가 되면 속도는 2배가 되지요. 낙하 거리가 9배가 되면 속도는 3배가 되고요. 낙하 거리가 16배가 되면 속도는 4배가 되는 겁니

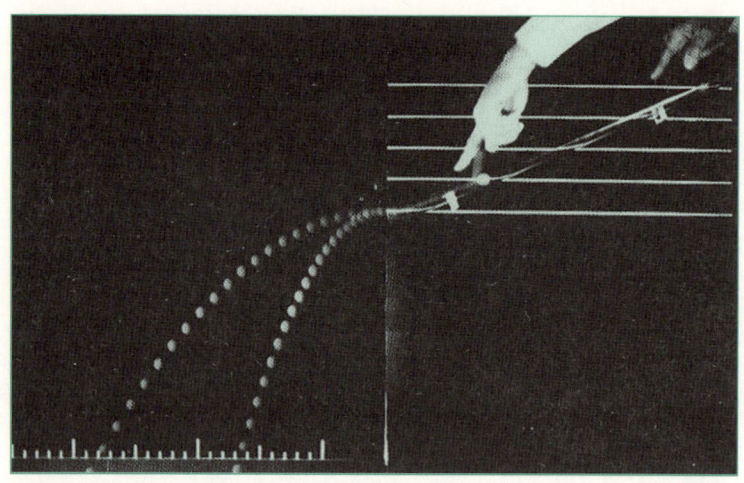

■ 갈릴레이의 점프대는 위와 같이 기능했다.

다. 이런 생각을 확인해줄 실험을 생각해냈답니다."

갈릴레이는 책상에 세워둔 크기가 1미터 정도 되는 나무로 된 도구를 가리켰다. 그 도구는 꼭대기에서부터 아래쪽으로 오목한 홈이 이어졌고, 아랫부분에서는 홈이 구부러져 수평으로 마감되어 있었다. 오늘날로 말하면 점프대라고 할 수 있었다.

"나는 이 도구로 자유 낙하를 훨씬 더 느리게 재현할 수 있고 그리하여 더 잘 관찰할 수 있습니다. 이제 구슬을 굴려보겠습니다. 구슬은 길 끝에서 수평으로 튕겨 나가 커브를 그리면서 마룻바닥 위로 떨어져, 바닥과 충돌하면서 그을음이 묻은 종이 위에 자국을 남기게 될 것입니다. 우선 30센티미터의 높이를 선택하겠습니다."

갈릴레이는 실험을 시작했고, 학생들은 숨을 죽이고 작은 구슬을 응시했다. 구슬은 경사로를 통과하면서 점점 더 속도가 빨라지더니 우아한 곡선을 그리며 점프대로부터 바닥으로 떨어졌다.

갈릴레이는 충돌 지점에 나무 조각을 세워 놓아, 멀리 있는 학생들도 충돌 지점을 가늠할 수 있도록 했다. 그는 그 구슬을 집어 좀 더 높은 지점에서 굴릴 준비를 했다.

"이제 4배 높이, 즉 120센티미터에서 굴려봅시다."

구슬은 다시금 정적 속에서 경사로를 달려 튕겨 나갔다. 그러고는 첫 번째 구슬보다 두 배 더 먼 곳에 떨어졌다. 학생들이 웅성거렸다. 갈릴레이는 아랑곳하지 않고 세 번째 시도를 준비했다. 이번에는 9배의 높이에서. 살비아티는 이미 감을 잡은 상태였다. 이제 구슬은 첫 번째 구슬보다 세 배 더 먼 곳에 떨어질 것이다.

갈릴레이는 이렇게 설명했다. "구슬의 넓이뛰기에서 구슬이 튕겨 나갈 때 얻었던 속도를 잴 수 있습니다. 이런 속도는 따라서 높이가 높아질수록 커지지만, 높이에 정비례하지는 않습니다. 높이가 4배, 9배가 되면, 속도는 2배, 3배가 되지요. 실험은 내가 생각을 통해 발견한 답을 확인해줍니다. 질문 있습니까?"

살비아티만이 질문을 했다.

한눈에 읽는 과학사

구르는 구슬과 낙하하는 구슬

실제 구르는 구슬은 낙하하는 구슬과는 다르다. 구르는 데에도 에너지가 필요하기 때문이다. 떨어지는 데는 그런 에너지가 필요하지 않다. 경사로를 점점 더 가파르게 만들면 구슬은 어느 순간 더 이상 구르지 않고 미끄러지기 시작한다. 그러면 구슬의 속도는 갑자기 더 빨라진다. 낙하하는 경우에는 회전에너지가 필요치 않기 때문이다.

"하지만 이 실험에서는 구슬이 자유 낙하를 하지 않고, 나무 길을 비스듬히 굴러 내려갑니다. 똑같은 법칙이 탑에서 떨어지는 것 같은 자유 낙하에도 적용됩니까?"

"적용됩니다." 갈릴레이가 말했다. "경사를 점점 더 가파르게 할 수 있기 때문입니다. 그래도 상관관계는 변함이 없습니다. 이미 시험해보았습니다. 경사도와 상관없이 같은 높이에서 굴린 구슬은 언제나 똑같은 정도로 날아갑니다. 그러니 경사로가 수직이 된다고 해서 결과가 달라질 이유가 없습니다."

자유 낙하 제2라운드

살비아티는 아직 만족하지 못했다. "구슬의 넓이뛰기가 속도의 기준이 될 수 있다는 걸 어떻게 알죠? 구슬은 튕겨 나간 후 궤도에서 더 빨라지지 않나요?"

"좋은 질문이에요." 갈릴레이가 말했다. "구슬은 땅바닥 쪽으로는 더 빨라져요. 하지만 넓이 방향으로는 더 빨라지지 않지요." 갈릴레이는 설명을 위해 조심스럽게 다이어그램을 그렸다. "구슬은 너비 쪽으로는 어느 정도 똑같은 속도로 날아갑니다. 공기의 저항으로 인한 속력 감소를 무시한다면요. 반면 수직으로 추락할 때는 바닥에 닿을 때까지 점점 더 빨라지지요. 이런 두 운동은 서로 무관해요. 서로 방해하지 않지요. 그것들은 정확히 서로 수직으로 일어나니까요. 이제 여러분은 내가 경사로 끝을 평평하게 만든 이유를 알 거예요. 이것은 이 실험에서 아주 중요해요. 두 운동, 즉 수평의 비행과 수직의 낙하가 합쳐져 여러분이 본 아름다운 곡선을 만드는 거예요. 이것을 포물선이라고 부르지요."

"하지만 아리스토텔레스는 어떤 물체도 두 가지 운동을 동시에 할 수 없다고 했는데요." 한 학생이 이의를 제기했다. "동시에 두 주인을 섬길 수는 없다고요."

"분명히 그렇지 않아요." 갈릴레이가 대답했다. "두 주인을 섬길 수 있

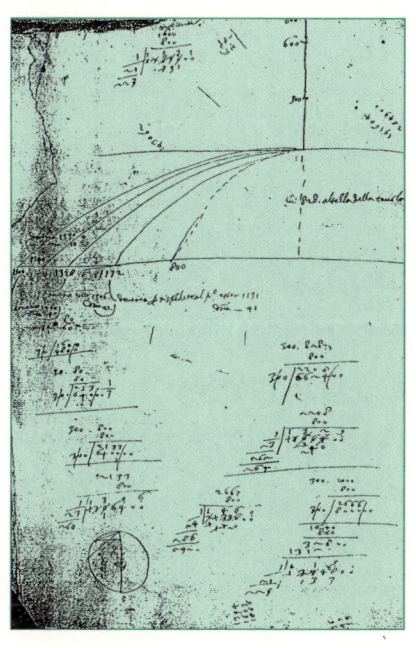

갈릴레이의 연습용지. 갈릴레이는 여기에 점프대에서 바닥으로 튕겨 나가는 구슬의 낙하를 그리고, 측정하고, 계산했다.

어요. 우리도 위로는 하느님을, 아래로는 세속적인 군주를 섬기고 있잖아요. 여기서도 마찬가지예요. 우리는 여기서 두 가지 운동을 관찰하게 돼요. 자유 낙하는 자연스런 운동이에요. 모든 무거운 것들의 고향인 땅으로의 낙하지요. 그리고 또 하나 우리는 동시에 인공적인 운동을 관찰하게 돼요. 수평적인 비행이 그것이지요. 아리스토텔레스의 말은 다만 두 가지 인공적인 운동을 동시에 만들어낼 수 없다는 것이에요. 그리고 나는 실험을 통해 임의의 운동이 조합될 수 있다는 것을 보고 있어요. 나는 아리스토텔레스와 모든 철학자들보다 나의 눈을 더 신뢰한답니다. 여러분은 아리스토텔레스도

나도 아닌, 여러분 자신의 생각과 경험을 신뢰해야 해요."

갈릴레이는 청중들에게 또 하나의 실험을 보여주고자 했다. 설명을 시작했다.

"나는 자유 낙하에 대한 두 번째 실험을 생각해냈어요. 그것은 두 가지 운동에 대한 머리 아픈 설명 따위가 필요치 않아요. 대신 이 실험에서는 시간을 재어야 해요. 그것이 조금 수고로운 점이지요."

갈릴레이는 약 6미터 길이의 나무 경사로를 보여주었다. 첫 번째 것보다 경사가 훨씬 완만했고, 수평으로 된 점프대 없이 끝나는 것이었다. 그 기구는 강의실 앞쪽을 꽉 채웠다.

"우리는 구슬을 밑에서 약 1미터 되는 지점에서 굴려보고, 다음에는 4미터 되는 곳에서 굴려볼 거예요. 우리는 여기서 높이가 아닌 거리를 잴 거예요. 그러나 그것은 중요하지 않아요. 거리와 높이는 같은 관계니까요. 이제 우리는 구슬이 이런 거리를 굴러 내려오는 데 걸리는 시간을 잴 거예요. 여기 물통을 시계로 준비했어요. 아래에 뚫려 있는 구멍으로 물이 흘러나올 수 있는 물통이지요."

갈릴레이는 살비아티에게 도와달라고 부탁했다. "시작!" 하는 명령에 따라 살비아티는 구슬을 1미터 거리에서 굴렸다. 그리고 동시에 갈릴레이는 물통의 입구를 열었다. 그런 다음 구슬이 경사로 끝을 통과하는 순간 물구멍을 막았다. 그리고 통에 받은 물의 무게를 저울에 달았다.

이제 갈릴레이는 약 4미터의 거리에서 구슬을 굴리게 했고 흘러나온 물의 무게는 정확히 2배였다. 따라서 거리는 시간 곱하기 시간임에 틀림없었다. 2배의 시간 곱하기 2배의 시간은 4배의 거리가 되는 것이다.

갈릴레이는 강의를 마쳤다. "이것은 순전히 내 생각에서 나온 것입니다. 그러나 실험이 내 생각을 확인해주었습니다."

갈릴레이는 열렬한 박수를 받으며 퇴장했다.

한눈에 읽는 과학사

갈릴레이의 낙하 법칙

갈릴레이가 애초에 잘못 생각했던 낙하 법칙은 속도가 높이에 정비례한다는 것이다. 드롭해머가 1초에 5미터 낙하하면 평균 속도는 초당 5미터다. 속도는 처음에 0이었다가 계속 커진다. 그리하여 1/2초 후에는 평균 초당 5미터가 될 것이다. 하지만 1초 후에는 10미터가 될 것이다. 그러나 1초는 0초와 2초의 평균이고, 초당 10미터는 2초 동안의 평균 속도가 된다. 그러므로 말이 안 되는 것이다.

올바른 낙하 법칙은 이렇다.

　① 속도×속도＝2×중력가속도×높이 또는
　② 속도＝중력가속도×시간 또는
　③ 낙하 거리＝1/2×중력가속도×시간×시간

이런 마법의 공식으로 샘의 깊이를 간단히 계산할 수 있다. 우물에 돌을 던져 정확히 몇 초 후에 바닥에 떨어지는 소리가 들리는가. 만약 떨어지는 데 3초 걸렸다고 해보자. 그러면 공식에 따라 낙하 거리를 계산할 수 있다.

　　낙하 거리＝1/2×10×3×3＝45미터

여기서 10은 거리(높이)를 미터로, 시간을 초로 잴 때의 대략적인 중력가속도 값이다.

그렇다면 돌의 속도는 얼마일까? ②번 공식에 대입해보면, 중력가속도에 3600(1시간=3600초)을 곱하고, 그것을 1000미터(1킬로미터=1000미터)로 나누면 시속으로 환산된 속도가 나온다. 시속 36킬로미터, 정말 멋진 가속이다. 공기가 없다면 계속 이렇게 가속될 것이다. 그러나 공기 저항이 빠른 자동차뿐 아니라 떨어지는 돌에도 브레이크를 건다.

자유 낙하에 또 하나 신기한 게 있다. 1초 후에 돌은 5미터 낙하한다. 5미터를 '아파트 한 층'이라고 하자. 그러면 2초 후에는 4층, 3초 후에는 9층을 지나게 될 것이다. 그렇다면 한번 생각해보라.

4−1=3, 그 다음 9−4=5, 그 다음은 16−9=7. 그리하여 1, 3, 5, 7, 9, 11……의 수열이 나온다. 홀수 수열이다. 그것은 갈릴레이보다 200년 앞서 사람들이 '변화의 일정한 변화'에 대해 생각했을 때 알아낸 것이다.

이를 바탕으로 드롭해머의 효과에 대해서 생각해보자. 결론부터 말하자면, 드롭해머의 효과는 운동에너지와 비례하여 커진다.

에너지=1/2×질량×속도×속도

갈릴레이의 낙하 법칙 ①에서 속도×속도=2×중력가속도×높이이므로,

에너지=1/2×질량×2×중력가속도×높이

=질량×중력가속도×높이

이것을 상태 에너지(잠재 에너지)라고 부른다. 10층에서 떨어지는 해머는 따라서 1층에서 떨어지는 해머보다 10배 큰 에너지를 가지고 있다.

• 아리스토텔레스(기원전 422~384) : 유명한 그리스 철학자이자 자연연구가. 알렉산드로스 대왕의 스승이기도 하였다. 아리스토텔레스의 글은 1200년부터 기독교의 자연과학적 사고에 많은 영향을 끼쳤다.

• 낙하 법칙 : 오늘날 많은 역사가들은 갈릴레이가 '낙하 속도는 낙하 높이에 비례한다'와 같은 말도 안 되는 내용을 믿었었다는 사실을 믿을 수 없어한다. 그러나 이런 주장은 1604년 사르피에게 보내는 편지에서도 발견된다. 1638년 역학에 대한 그의 유명한 책에서 갈릴레이는 자신이 한동안 감쪽같이 그렇게 착각하고 있었다고 언급한다. 그러나 그는 그것을 당시 돌이나 드롭해머의 밀침 효과로 생각했을 것이다. 그러면 그 연관은 정확히 들어맞는다.

• 갈릴레이, 갈릴레오(1564~1642) : 물리학에 최초로 중요한 토대를 놓았으며 가톨릭교회와의 마찰로도 유명했다. 갈릴레이가 실제로 얼마나 많은 실험을 했는지, 어디에서 했는지, 실험이 그에게 얼마나 중요했는지 우리는 정확히 알지 못한다. 갈릴레이는 예리한 숙고로 많은 사실을 인식해냈다. 그가 정말로 피사의 사탑에서 실험을 했는지도 우리는 알지 못한다. 정말로 실험을 했다면 그는 당시 정말로 우리의 이야기에서처럼 잘못 생각했을 것이다.

• 비중 : 부피로 나눈 무게. 피사에서 갈릴레이는 아직 한 물체의 비중과 매질의 비중의 차이가 클수록 그 물체는 더 빨리 떨어진다고 믿었다. 가령 납의 비중 빼기 물의 비중의 결과가 클수록 말이다.

• 공기 저항 : 공기가 그 안에서 움직이는 모든 물체에 대하여 행하는 마찰 저항. 그리하여 물체가 계속 움직이지 않으면 공기가 제동을 건다. 가령 중력은 떨어지는 돌을 움직이고 프로펠러나 제트 엔진은 비행기를 움직인다. 반면 진공상태의 우주에서는 끊임없이 동력을 공급해줄 필요가 없다. 그래서 행성은 '영원히' 태양 주위를 돈다. 물론 낙하산은 공기 저항을 극대화시킨다. 그러나 낙하산이 없는 사람도 계속하여 더 빠르게 떨어지지는 않을 것이다. 특정 속도부터는 공기 저항이 중력만큼 크기 때문에 동일한 속도를 유지하게 된다.

2

거대해진 하늘

인간이 독수리보다 시력이 좋다면
기적의 파이프, 망원경
달의 바다를 발견하다?
금성은 태양 주위를 돈다. 그렇다면 지구도……
태양에 점이 있다니!

chapter 2

인간이 독수리보다 시력이 좋다면

인간이 육안으로 볼 수 있는 별은 얼마나 될까? 보통 5000개에서 6000개를 볼 수 있다고 한다. 물론 보름달이 뜨거나, 전깃불 빛이 있거나 하면 안 되고, 구름이 낀 날도 안 된다. 또 시력도 괜찮아야 한다. 인공조명이 밝은 대도시에 산다면 아무리 시력이 좋아도 소용이 없다. 오늘날 별이 총총한 밤하늘을 보기 위해서는 인적이 드문 시골로 나가야 한다.

인간이 독수리나 매보다 시력이 더 좋다면 어떻게 될까? 당연히 더 많은 별을 볼 수 있을 것이다. 하지만 갈릴레이 이전에는 아무도 이런 질문을 던지지 않았다. 더 많은 별이 있는 줄도 몰랐으니까. 갈릴레이 이전 사람들은 인간은 창조의 꽃이요, 세계는 인간을 위해 존재한다고 믿었다. 그러니 눈에 보이지 않는 별 같은 건 안중에 없었다. 보이지 않는 별들은 대체 누구를 위해서 빛났단 말인가. 매

갈릴레이는 하늘의 내장을 발견했다. 그는 목성에 네 개의 위성이 있고, 달이 산과 바다로 이루어져 있다고 믿었다.

나 독수리를 위해서? 그러다가 어느 날 사람들은 진짜로 더 좋은 '눈'을 갖게 되었고 훨씬 더 많은 별들을 볼 수 있게 되었다.

1609년 망원경이 발명되었다. 때는 봄, 파도바의 갈릴레이가 자유 낙하에 대한 공식을 생각하고 있을 즈음이었다. 네덜란드에서 손님이 한 사람 찾아왔다. 그는 갈릴레이에게 네덜란드에서 안경알이 두 개 들어간 파이프가 발명되었는데, 그 기구는 사물을 더 크게 보이게 한다더라고 전했다.

당시 베네치아는 수백 년 동안 해양력으로 맹위를 떨쳐왔고, 네덜란드는 이제 막 해상강국으로 발돋움하고 있었다. 그리고 곧 명백해질 것인바 그 발명품은 해양력에 막대한 공헌을 할 것이었다.

안경알 두 개로 사물을 크게 보이게 하는 파이프? 거대한 바다뱀이나 바다의 요마처럼 선원들이 꾸며낸 이야기가 아닐까? 그러나 바야흐로 새 시대가 밝은 참이었다. 지난 200년간 이탈리아 사람들은 많은 기술적 업적을 목격해왔다. 자동 방적기, 새로운 대포, 세련된 축성술, 새로운 기하학 법칙에 따라 진짜로 착각할 정도로 자연을 묘사하는 투시화……. 그러므로 300년 전부터 존재해온 안경알에 또 하나의 안경알을 덧대어 성능을 더욱 개선시키지 말라는 법이 어디 있단 말인가? 그런 생각을 했던 사람들이 있었고, 네덜란드에서 만들었다는 기구는 그와 비슷하게 보였다. 하여튼 갈릴레이에게 이런 파이프는 허무맹랑한 것이 아니었다. 그는 유리 렌즈의 효과를 정확히 알고 있었다.

광선이 공기, 물, 또는 유리 속에서 어떻게 행동하는가 하는 것은 그리스 시대 이후 수학적으로 명확한 것이었고, 갈릴레이와 같은 전문가에겐 더 생각할 가치조차 없는 것이었다. 하지만 공기에서

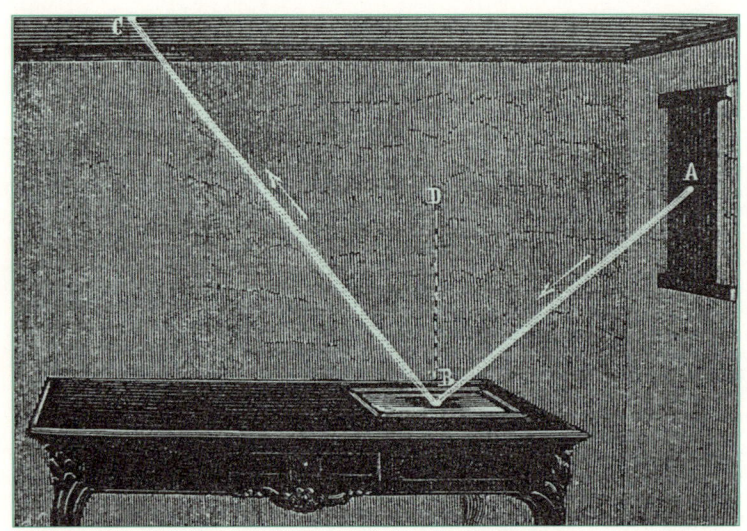

물속으로 들어갈 때나, 공기에서 유리로 들어갈 때 등 광선이 다른 곳으로 진입할 때에는 간단하지가 않았다. 광선은 유리나 수면에 수직으로 닿을 때는 계속 직진했다. 그러나 유리나 수면에 비스듬하게 도착할 때는 굴절되었다. 그러나 어떤 법칙에 따라서 그렇게 되는지를 몰라 많은 학자들이 이 문제로 고심했다. 지구 주위를 도는 행성과 항성의 궤도를 (당시는 별들이 지구 주위를 돈다고 생각했다) 처음으로 정확하게 계산해낸 유명한 그리스 학자 프톨레마이오스도 그랬고, 갈릴레이와 독일 천문학자 요한네스 케플러도 광선 굴절의 법칙을 알아내기 위해 애썼다. 갈릴레이가 한창 낙하 실험을 하고 있을 즈음 영국인 토머스 해리엇이 굴절 법칙을 발견했다. 그러나 1609년 갈릴레이는 그에 대해 아무 것도 알지 못했다. 그리고 망원경을 발명하는 데는 이런 지식이 필요하지 않았다. 망원경의 원리를 설명하고 망원경을 개선하기 위해 곧 필요해졌지만 말이다.

기적의 파이프, 망원경

갈릴레이는 모든 기술은 과학적으로 설명이 가능하고, 모든 과학은 기술적으로 활용할 수 있음을 확신했다. 그 둘은 상호 상승 작용을 할 수 있었다. 그러나 당시 많은 사람들은 아직 그런 생각을 하지 못했다. 갈릴레이는 작동 원리는 정확히 설명할 수 없더라도 일단 네덜란드에서 발명되었다는 기적의 파이프를 제작하고자 했다. 그는 렌즈를 연마하여 결합시켜보았다. 우선 렌즈를 서로 바짝 붙여 놓았다가 차츰 차츰 간격을 넓혔다. 마분지 관이 방해가 되는 옆 광선(사광)을 차단했다.

그리고 마침내 성공이었다. 멀리 있는 사물들이 갑자기 크게 보였다. 멀리 보였던 지붕들이 평소보다 세 배 크게 보였다. 이 얼마나 환상적인 기구란 말인가! 전시에는 공격하러 오는 적군의 배를 훨씬 더 빨리 알아볼 수 있을 것이고, 평시에 사냥할 때는 먼 데 있는 동물들도 식은 죽 먹기로 찾아낼 수 있을 것이다. 그러나 이런 생각을 해낸 갈릴레이는 또한 이것이 학문적으로 얼마나 탁월한 도구인지도 감지했을 것이다. 이것으로 태양, 달, 별들을 더 자세히 관찰할 수 있으리라는 것을……

그러나 당시 망원경을 곧장 학문 도구로 활용하겠다는 생각을 했던 것은 평범한 일이 아니었다. 기술 도구를 학문에 활용하는 것은 당시 허락되지 않은 일이었다. 기구들이 자연을 위조한다는 것이 그 이유였다. 기술은 당시 역학(기계학)이라 불렸는데 이는 그리스 어로 속임(기만)이라는 뜻이었다. 기하학의 컴퍼스, 천문학의 조준 의(표면의 평평한 정도를 측정하는 건설 기기), 해시계 같은 단순한 도구 들만이 학문적 인식을 얻기 위한 도구로 허락되었다.

갈릴레이 망원경

갈릴레이가 네덜란드 사람이 알려준 대로 만든 갈릴레이 망원경(우리는 그렇게 만들어진 오페라글래스를 갈릴레이 망원경이라 부른다)은 유리 렌즈 두 개로 구 성된다. 유리 렌즈 하나는 다음 가운데 그림과 같은 모양이다.

집광렌즈(볼록렌즈) – 왼쪽부터 양볼록렌즈, 평볼록렌즈, 볼록메니스커스

즉, 한쪽이 바깥으로 조금 튀어나와 있고 다른 쪽은 거울과 같다. 이것이 집광렌 즈, 즉 볼록렌즈다. 두 번째 렌즈는 반대로 연마되어 있다.

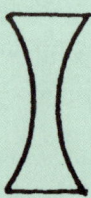

오목렌즈 – 왼쪽부터 오목메니스커스, 평오 목렌즈, 양오목렌즈

위의 가운데 그림과 같이 한쪽은 매끈하고 다른 쪽은 안쪽으로 구부러져 있는 오목렌즈로 이 오목렌즈에 눈을 대고 보기 때문에 이것을 접안렌즈라고 한다. 볼록렌즈는 대물렌즈라고 하는데 늘 대상을 향하기 때문이다.

그럼에도 갈릴레이는 곧장 낙하하는 돌과 납 조각에 대한 모든 실험을 뒤로한 채 새로운 기구에 집중했다. 처음에 그는 망원경을 태양, 달, 별 쪽으로 향하게 하지 않았다. 망원경으로 하늘을 관찰한 것은 11월에 들어서였다. 갈릴레이는 우선 기술적인 유익만을 생각했다. 능란한 기구 제작자이자 실험가로서 망원경으로 돈을 버는 것은 어렵지 않았다. 누가 그걸 나쁘게 생각하랴. 갈릴레이는 렌즈를 연마하여 새로운 망원경들을 만들었다. 8월에 망원경은 벌써 9배율에 도달했다. 갈릴레이는 다른 사람들보다 앞서고자 서둘렀다. 베네치아의 유리 산업은 유명했고, 숙련된 유리 연마공이 많았다. 그리고 갈릴레이는 탁월한 학자였다.

갈릴레이의 망원경들은 이내 유럽 제일의 성능을 자랑하게 되었다. 많은 사람이 망원경의 마력을 시험해보고자 찾아왔다. 그리고 각자 고향으로 돌아가 갈릴레이에 대한 소문을 퍼뜨렸다. 학자로서 지명도를 높일 수 있는 학술 잡지도, 학회도, 노벨상도 없던 시대라 입소문이 중요했다. 갈릴레이는 성공을 만끽했다. 그에겐 성공이 필요했다. 파도바의 교수직은 평생 보장된 자리가 아니었다. 2~3년 걸러 연임 여부와 급료 인상을 협상해야 했다.

망원경을 선보이면서 갈릴레이는 간혹 제자들과 손님들에게 자신의 형편을 토로했다.

"난 얼마나 멋진 발명을 했는지 모르네. (갈릴레이는 자신이 망원경을 최초로 발명한 것은 아니라는 사실을 굳이 언급하지 않았다.) 20년 동안 한결같이 학문을 위해 일해왔지. 그럼에도 직업적으로 아직도 불안한 상태에 있어. 조용히 학문적인 과업에 몰두하고 싶은데…… 아직 많은 시간을 돈을 벌기 위해 멍청한 개인 과외에 할애해야 한다네. 공화국의 유지들에게도 아부를 해야 하지. 정말로 내 소망을 이루어줄 수 있는 군주에게 잘 보이는 편이 나을 것 같은데……."

베네치아 출신 사그레도가 말했다. "자네가 누굴 생각하는지 알 것 같아. 토스카나의 대공, 피렌체의 코시모 데 메디치를 생각하는 게지? 정말로 파도바에 있는 것보다 피렌체로 가는 편이 낫다고 생각하는 건가?"

이에 피렌체 출신 필리포 살비아티가 거들었다. "왜 아니겠소, 코시모는 3년간 갈릴레이의 학생이었던 데다 새로이 권좌에 올랐으니 틀림없이 학문에 관심이 많을 거라오."

갈릴레이가 말했다. "코시모는 최소한 다른 모든 사람들처럼 이 기적의 발명품에 대해 감탄할 걸세. 하지만 그것만으로는 충분하지가 않아. 뭔가 그에게 특별한 인상을 주고 싶어. 하지만 어떻게 해야 할지 생각을 좀 해보아야 할 것 같네. 일단 베네치아 공화국에서 망원경의 효력을 입증하겠네. 베네치아의 시그노리아가 내게 어떤 대우를 해줄지 한번 보자고."

시그노리아는 베네치아 공화국의 추밀원(행정부의 최고기관) 격으로 총독이 그 우두머리였다. 총독의 궁정은 오늘날 마르쿠스 성당 옆 베네치아에서 가장 아름다운 장소에 위치하고 있었다.

1609년 8월 21일 추밀원의 일정에는 '파도바 대학 갈릴레오 갈릴레이 교수의 전시와 평시를 막론하고 매우 유용한 새로운 기구 소개'가 들어 있었다.

갈릴레이는 달변가였다. 그리고 장광설을 늘어놓아서는 안 된다는 것을 잘 알고 있었다.

그는 우선 유럽에 학문과 기술을 선사했던 그리스인들의 중요성을 부각시켰다. 특히 오목거울로 햇빛을 모아 적군의 배를 화염에 휩싸이게 했던(오늘날 우리는 진짜로 그런 일은 없었음을 알고 있다) 아르키메데스를 언급했다. 그러고는 이 모두가 그리스와 로마를 능가하는 이탈리아의 발전에 비하면 아무 것도 아니라고 말했다.

갈릴레이는 계속했다. "특히 베네치아는 독보적입니다. 저는 아르키메데스가 강력한 시라쿠스를 섬겼던 것보다 더 자랑스럽게 베네치아를 섬기고 있습니다. 동양과 서양은 베네치아 앞에 절하며, 베네치아의 상품과 기술은 모든 대양을 건너 매매되고 있습니다. 베네치아는 불멸의 것으로 이 새 시대에 기여하고 있습니다. 위대한 시그노리아여, 내가 여기 소개하는 작은 기구는 베네치아의 영광을 조금 더 드높이게 되리라 생각합니다. 학문과 기술에 대한 베네치아의 드높은 조예가 없었다면 이런 발명품은 탄생할 수 없었을 것입니다."

갈릴레이는 다시금 진실을 조금 은폐했다. 네덜란드에 대해서는 일언반구도 하지 않았던 것이다. 또 자신의 급료와 자리가 불만족스럽다는 이야기 역시 한마디도 하지 않았다. 그러나 그의 전략은 잘 먹혀 들어갔다.

하지만 이날의 주인공은 말이 아니라 바로 망원경 자체였다. 추밀원 의원들은 모두 마르쿠스 성당 옆에 있는 탑에 올라갔다. 베네치아에서 가장 높은 장소였다. 늙은 추밀원 고문들도 힘겹게 올라갔다. 그러나 다음 순간 그들은 그 수고가 결코 헛되지 않았음을 확인할 수 있었다.

저 멀리 해안호에 있는 배들이 갑자기 바로 아래에 있는 곤돌라처럼 가까워 보였다. 추밀원 의원들은 차례차례 흥분의 도가니로 빠져들었다. 그 기구를 다른 사람의 손으로 넘겼다가도 얼른 다시 한 번 자신의 눈에 대어보고자 했다. 모두들 마법이 혹시 달아나버리지는 않을까 조마조마했다.

그러나 마법은 계속되었다. 그것은 마법이 아니었다. 심지어 저 먼 바다에서 오는 배들도 보였다. 맨눈으로는 도저히 식별할 수 없는 것들이었다.

그들이 망원경으로 보았던 멀리 있는 배들은 2시간 후에야 비로소 맨눈으로 분간할 수 있었다. 그러니까 그 시간 정도 앞서 공격을 대비할 수 있는 것이다. 물론 추밀원 고문들도 단박에 그 효용성을 눈치 챘다.

갈릴레이는 사람들이 놀라워하는 걸 기분 좋게 바라보았다. 갈릴레이가 그때 이미 학문을 생각했을까? 그리하여 망원경을 달과 행성 쪽으로 향하게 했을까? 여하튼 이제부터 갈릴레이는 그럴 시간이 없었다.

총독이 말했다. "갈릴레이 선생, 공화국을 위해 참으로 애썼소. 이제부터 당신의 급료를 두 배로 올리겠소. 평생 말이오. 계속 위대한 발명을 하여 공화국의 명예를 드높일 수 있기를 바라오."

이런 성공은 서막에 불과했다. 이 사건이 있은 지 12일 후(말 탄 심부름꾼이 이 놀라운 소식을 피렌체에 전하고 되돌아오기까지 이 정도 시간이 걸렸다) 갈릴레이는 중요한 편지를 받았다. 토스카나의 대공이 갈릴레이의 망원경에 지대한 관심을 가지고 있다는 편지였다. 토스카나의 대공은 심지어 새로운 망원경을 위해 연마할 유리까지 보내왔다. 베네치아는 갈릴레이에게 망원경의 비밀을 절대로 누설하지 말라고 당부했지만, 망원경에 대한 소식은 더 이상 비밀이 아니었

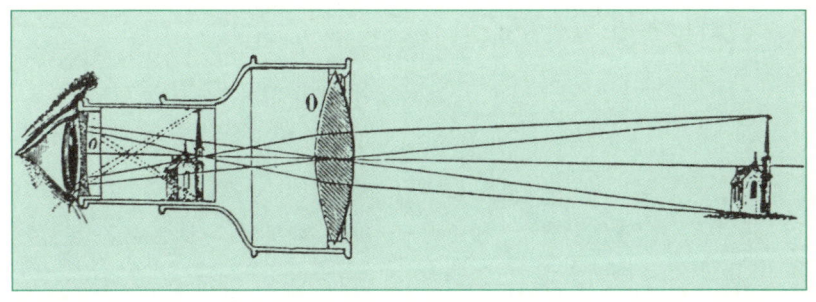

갈릴레이 망원경의 원리. 유리 렌즈들은 멀리 있는 작은 교회를 가까이로 '끌어당긴다'. 그리하여 교회는 우리 눈에 더 크게 보인다.

다. 그리고 갈릴레이는 피렌체의 코시모뿐 아니라 유력한 후원자들에게 망원경을 보내는 데 거리낌이 없었다. 그는 계속하여 부지런히 망원경을 개선했고, 1609년 가을쯤에는 20배율의 망원경을 제작할 수 있었다.

그리고 그해 늦가을인 11월 말경에서야 갈릴레이는 처음으로 망원경을 하늘로 향했던 듯하다. 망원경으로 하늘을 관찰한 사람이 갈릴레이가 최초는 아니었다. 그러나 결국 갈릴레이가 가장 성능이 뛰어난 망원경을 가지고 있었으며, 혁명적인 것을 감지하고 그것을 대중화시키는 탁월한 수완을 가지고 있었다. 그런데 갈릴레이는 어찌하여 망원경을 제작한 지 수개월 후에야 그것을 학문 도구로 활용하기 시작했던 걸까? 그에 대해 답하기 전에 우선 그의 발견들을 살펴보자.

달의 바다를 발견하다?

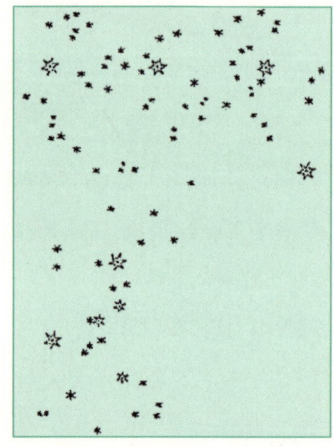

갈릴레이는 오리온자리에서 망원경으로 새로이 발견한 많은 별들을 검은 점으로 표시했다.

1610년 3월 갈릴레이는 자신의 천문학적 관찰을 〈별들의 메시지〉라는 제목의 논문으로 발표하였다. 그것은 학계에 큰 파장을 일으켰다.

오늘날 우리가 지금까지 알지 못했고, 꿈에도 존재한다고 생각하지 않았던 행성들과 별들이 발견된다고 생각해보라. 마찬가지로 갈릴레이의 천문학적 발견들은 정말로 놀라운 것이었다. 목성에 네 개의 위성이 있다는 것, 달이 산과 바다(갈릴레이는 당시 그렇게 믿었다)로 이루어져 있다는 것, 인류가 그때까지 알고 있었던 것보다 훨씬 많은 별들이 있다는 것 등등. 갈릴레이는 열 배, 백 배, 아니 '셀 수 없을 만큼' 많은 별들을 세었다.

갈릴레이는 겨울에 하늘에서 쉽게 찾을 수 있는 아름다운 별자리인 오리온자리를 예로 들어 하늘의 실태를 묘사했다.

"우선 나는 오리온자리에 있는 별들을 모두 그려보고자 했다. 그러나 그 근처에 있는 별이 엄청나게 많아서 시간 부족으로 그 계획을 다음 기회로 미루었다. 우리가 알고 있던 별들에서 1, 2도만 경계를 넓혀도 500개 이상의 별을 관찰할 수 있다. 그리하여 나는 일단 오리온자리에서 예전부터 알려져 있던 허리띠의 세 별과 검의 여섯 별 주변에, 최근 발견된 80개의 별을 추가로 그려넣어보았다. 간격은 가능한 한 정확하게 지키려고 노력했다. 예전부터 알려져 있던 별들은 식별이 잘 되도록 이중의 선으로 더 크게 그렸다."

가장 믿기지 않았던 것은 망원경을 통해 본 은하수의 모습이었다. 은하수는 무수한 별들로 이루어져 있었다. 시력이 약한 인간이 그 무수한 별빛을

갈릴레이가 1609년 달에 산들이 있음을 증명하자 갈릴레이의 친구 루도비코 시골리는 마리아의 승천 그림에 그런 인식을 집어넣었다. 그림에 망원경으로 식별 가능한 크레이터의 그림자들이 보인다. 이 그림은 오늘날 로마의 산타 마리아 마기오레 교회에 소장되어 있다.

우유가 엎질러진 모습과 비슷한 것으로 착각했던 것이다.

인식을 위한 웬만한 도구들은 모두 거부되었던 시기에 지극히 보수적인 극소수 학자들만이 망원경을 거부했다는 것은 놀랍다. 망원경은 자연을 위조하는 것이 아니라, 안경처럼 인간의 약한 시력을 개선해줄 뿐이라는 논지가 설득력이 있었기 때문이다. 그리하여 가톨릭교회의 정신적인 권력을 대리했던 예수회 신부들까지도 갈릴레이에게 축하 인사를 전했다. 교황, 추기경, 공작, 왕자, 백작 할 것 없이 이런 하늘의 기적에 열광했다. 그것이 실생활에 그리 유용하지 않은 것이어도 상관없었다. 물론 배를 커다랗게 볼 수 있다는 것은 아주 유용한 일이었다. 100년 전 아메리카 대륙을 발견한 것

은 훨씬 유용했겠지만 말이다.

그러나 이제 하늘의 탐험가들은 힘든 배 여행을 하지 않아도 되었다. 두 개의 렌즈만 눈에 대면 우주에 셀 수 없이 많은 대륙들이 보였다.

갈릴레이의 급료와 위치는 다시 한 번 상향 조정되었다. 그는 이제 하늘에서 자신이 원하던 것을 발견했다. 피렌체의 코시모를 흥분시킬 만한 특별한 것. 토스카나의 궁정으로 가는 승차권! 그리하여 갈릴레이는 그렇게 느지감치 망원경을 하늘로 향하게 했던 것이다. 사실 갈릴레이도 하늘에서 그런 놀라운 발견을 기대하지 않았다. 당시 새로운 천체를 발견하고 옛 천체들의 상태를 연구하는 것은 천문학의 과제와는 거리가 멀었다. 천문학의 과제는 알려진 행성들의 궤도를 정확히 관찰하는 것이었고, 망원경은 거기에 그다지 기여하지 않아도 되었다. 갈릴레이는 망원경을 개선해가면서 조금씩 조금씩 새로운 발견을 해나갔을 것이다.

그에게 달의 산들과 은하수의 별들보다 더 흥분되는 것이 무엇이었을까? 갈릴레이는 새로운 '행성(planet)' 네 개를 발견하여 이름을 지었다. 바빌론 시대 때부터 알려진 행성은 일곱 개가 전부였다. 달, 수성, 금성, 태양, 화성, 목성, 토성. 이것이 많은 고정된 별들 가운데 방랑하는 유일한 천체들이었다. 그리하여 그리스어로 'planetes'는 방랑자라는 뜻이었다. 그런데 이제 갈릴레이는 목성 주위를 도는 다른 '방랑자' 넷을 발견했다(오늘날 그것들은 갈릴레이의 4대 위성이라 불린다). 갈릴레이는 그 위성들을 코시모 대공의 명예를 기려 '코시모 행성들(Cosmicischen Planeten)'이라고 부르고자 했다. 그러나 'Cosmicisch'가 'kosmisch(우주)'와 비슷해서 헷갈릴 염려가 있었으므로 대신에 '메디치(Mediceisch) 행성들'이라 이름 지었다. (메디치 가에는 4형제가 있었고 갈릴레이는 그중 코시모에게 잘 보이기를 원했다.) 이것은 외교적인 행동이었다. 그로써 코시모 대공은 유피테르, 마르스, 사투르누스 같은 고대 신들과 동등한 위치로 승격되는 것이었으니. 갈릴레이는 단숨에 피렌체의 궁정 수학자로 지명되었다. 피사 대학 교수라는 타이틀에, 멍청한 학생들 앞에서 강의해야 하는 귀찮은 의무가 없는 자리였다.

금성은 태양 주위를 돈다. 그렇다면 지구도……

1610년 9월 12일 갈릴레이는 피렌체에 도착했다. 새롭고 독립적인 인생의 시작. 갈릴레이는 그렇게 믿었다. 그러나 그것은 착각이었다. 규정된 믿음에 어긋나는 것은 모두 핍박하는 가톨릭교회의 종교재판은 자유로운 베네치아 공화국에서보다 피렌체에서 훨씬 더 강한 힘을 휘둘렀다. 갈릴레이가 몇 년 뒤 가톨릭교회의 경고를 받았을 때 피렌체는 그를 보호해주지 못했다. 그리고 20년 뒤, 그는 이교적인 이론을 믿는다는 이유로 로마에서 혹독한 심문을 당했다. 성경과 프톨레마이오스와는 달리 지구가 아니라 태양이 행성계의 중심이라는, 태양이 아니라 지구가 하루 하루, 한 해 한 해 우주에서 운동을 한다는 이론을 믿는다고 말이다.

갈릴레이는 적어도 망원경으로 하늘을 관찰하면서부터는 코페르니쿠스 이론의 신봉자가 되었다. 망원경으로 하늘을 본다고 지구의 운동과 태양의 위치에 대해 별 다른 것을 관찰할 수 있는 것은 아니었지만, 어쨌든 하늘은 더 이상 이전처럼 고상하고 변화가 없고 지구와 영 다른 것이 아니게 되었다. 달에 산이 있는 것으로 보아 달은 지구와 비슷하게 흙과 돌로 이루어진 덩어리로 보였다. 태양도 마찬가지일지 몰랐다. '그렇다면 지구도 다른 행성들처럼 운동을 하는 것은 아닐까? 지구보다 달을 더 많이 가지고 있는 목성도 태양 주변을 돌고 있는데.' 갈릴레이는 이런 생각들을 세련되게 표현했다. 달이 흙덩어리이고, 지구가 별이라고. 지구는 달처럼, 목성처럼 태양 빛을 통해 빛을 발한다고. 그것은 증명할 수도 있었다. 그리하여 가령 얇은 초승달일 때 달의 어두운 부분이 약하게 빛나는 것을 볼 수 있었다.

갈릴레이는 코페르니쿠스 이론을 입증하는 또 하나의 증거를 가지고 있다고 믿었다. 1610년 12월, 그는 그것을 일단은 자신만이 아는 신비로운 암호로 적어놓았다. 더 상세히 알아내기까지 아무에게도 들키지 않으려고 말이다. 갈릴레이는 '사랑의 어머니는 킨티아의 형상을 반복한다'라고 적었다. 킨티아는 달이다. 그러면 하늘에 있는 사랑의 어머니는 누구일까?

바로 금성이 달의 형상을 반복한다. 즉 초승달 모양이 되었다가, 반달 모양이 되었다가, 보름달 모양이 되었다 한다. 이것은 오늘날 쌍안경으로 쉽게 관찰할 수 있다. 갈릴레이는 이것을 자신의 망원경으로 관찰할 수 있었다. 금성은 해 진 후 저녁에 서쪽에서 보이고 (아주 밝은 별로), 해 뜨기 전 새벽에는 동쪽에서 보인다. 왜 이런 금성 주기가 지구가 태양 주위를 돌고 있다는 증거가 될 수 있는 걸까?

갈릴레이는 우회적인 설명을 택했다. 그는 우선 금성의 주기는

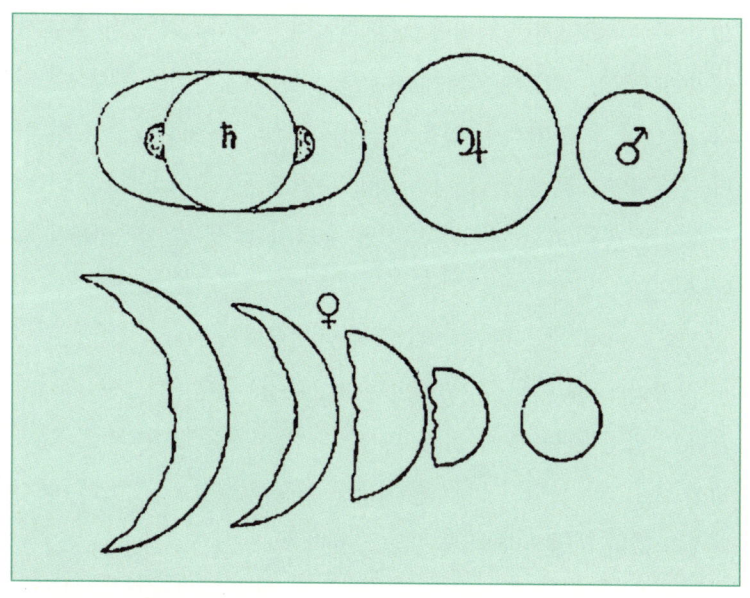

갈릴레이는 망원경으로 본 대로 손수 금성의 주기와 이상한 토성을 그렸다. 토성의 '귀'가 고리라는 것을 갈릴레이는 아직 알지 못했다.

금성이 태양 주위를 돌고 있음을 보여준다고 말했다.

고대 그리스의 천문학에 따르면 모든 행성과 항성이 가만히 있는 지구 주변을 돈다. 그 중 망원경 관측을 통해 직접적으로 반박할 수 있는 것은 아무 것도 없었다. '그러나 금성 주기는 그것을 반박한다'라고 갈릴레이는 우리에게 자랑스럽게 대답했을 것이다. 갈릴레이는 이렇게 썼다. "금성은 보름달처럼 동그란 모양으로도 나타난다. 그럴 때는 동그랗고 작다. 따라서 이때는 금성이 우리에게서 가장 멀리 떨어져 있을 때다. 또 금성은 결코 태양에서 많이 멀어지지 않는다. 금성이 언제나 저녁별과 새벽별로 나타나는 걸 보면 알 수 있다. 따라서 금성이 동그란 모양이 될 때는 금성이 태양의 저편에 위치해서 보름달처럼 전면에 빛을 받는다는 이야기다. 금성은 프톨레마이오스의 생각처럼 계속하여 태양과 우리 사이를 맴돌 수 없다. 금성이 우리 가까이 있을 때는 아주 커다란 초승달 모양이 된다. 결론적으로 말하면 금성은 태양 주위를 돈다. 이것이 코페르니쿠스의 명제를 위한 나의 결정적인 증명이다. 옛 천문학자들이 틀렸다."

그리고 이제 갈릴레이는 핵심을 이야기한다.

"금성이 태양 주위를 돈다면, 수성, 화성, 목성, 토성도 그러지 말라는 법이 있는가? 목성의 위성들이 목성에 속한 것처럼, 달만 지구 곁에 머무른다. 그렇다면 지구도 이들 행성처럼 코페르니쿠스의 말마따나 태양 주변을 돌지도 모른다."

그러나 그의 '증명'은 아직 튼튼한 토대 위에 서 있지 않았다.

태양에 점이 있다니!

갈릴레이는 망원경으로 두 가지를 더 발견했다. 그 중 하나가 특히나 갈릴레이를 위험에 빠뜨렸다.

갈릴레이는 1610년이 끝나갈 무렵 브레시아의 제자 베네데토 카스텔로에게 이렇게 썼다. "별들이 멍청한 옛 철학의 신봉자들과 토론하기 위해 친히 지구 가까이 온다 해도 그들은 아무 것도 깨닫지 못할 것이다."

그들은 갈릴레이가 7월에 발견한 토성의 기이한 이상 발육도 믿지 않았을 것이다. 갈릴레이는 아직 그것이 토성의 고리라는 것을

갈릴레이보다 앞서 태양의 흑점을 보았던 크리스토프 샤이너처럼 하면 태양을 가장 편안하고 안전하게 관찰할 수 있다.

몰랐다. 그리하여 '이상 발육'을 위성들로 여기기까지 했다. (토성의 고리를 보려면 최소한 30~40배율의 천체 망원경이 필요하다. 갈릴레이의 망원경은 성능이 그 정도로 좋지는 않았으므로 그는 토성의 고리를 제대로 볼 수 없었던 것이다.) 갈릴레이의 주장을 믿지 않는 사람들은 또한 갈릴레이가 11월에 발견한 태양의 흑점도 믿지 않으려 했다. '태양에 점이 있다니, 말도 안 돼! 절대 그럴 리 없어!' 최신 학문을 좋아했던 교황의 학문적 조언자들인 예수회 신부들도 이런 의견은 받아들이려고 하지 않았다. 그것은 착시 현상이거나, 태양과 지구 사이의 구름일 거라고 했다. 지구 주위를 도는 흠 없는 태양, 어떤 신학자도 그런 믿음을 포기하려 하지 않았다.

태양의 흑점

태양에서 태양의 일반적인 온도인 5500도보다 온도가 더 낮은 부분인 흑점은 온도가 낮기 때문에 어두워 보인다. 갈릴레이는 이 흑점들이 태양과 더불어 자전한다는 것을, 따라서 흑점은 태양에 직접적으로 속하는 것임에 틀림없다는 것을 증명하였다. 그리하여 위험한 논쟁이 시작되었다. 하느님이 태양을 순전하고 흠 없이 만들지 않았던가? 성경에 '태양이여, 기드온 골짜기에 머물러라' 라고 되어 있지 않은가? 따라서 태양이 지구를 도는 것이지 반대가 아니다. 망원경은 성경을 무력화시킬 권리가 없다!

하지만 성경에는 무수한 별들, 목성의 위성들, 달의 크레이터들이 없다는 말도 나오지 않는다. 빛나는 아름다운 달도 산과 돌이 있는 덩어리로 판명되지 않았는가! 그러나 갈릴레이는 달에 대해 그렇게 논쟁하지 않았다. 대신 지구를 아름다운 별로 묘사했다. 그로써 지구도 움직인다는 것을 더 수월하게 주장할 수 있었다.

• **코페르니쿠스적 세계상** : 코페르니쿠스는 갈릴레이보다 50년 앞서 유명한 책을 펴내고(1543), 태양이 수성, 금성, 지구, 화성, 목성, 금성의 궤도의 중심에 있다고 주장하였다. 그때까지 사람들은 일곱 개의 '그리스 행성' 모두가 지구 주위를 돈다고 굳게 믿고 있었다.

• **킨티아** : 그리스 신화에 나오는 아폴론의 쌍둥이 여동생 아르테미스의 또 다른 이름. 아폴론은 태양의 신으로, 아르테미스는 사냥과 야생동물의 여신이자 달의 여신으로 추앙되었다.

• **망원경** : 망원경을 정확히 누가, 언제 발명했는지는 알려져 있지 않다. 1590년에서 1608년 사이에 네덜란드 사람 여러 명이 서로 자신이 최초로 망원경을 발견했다고 주장해오다가, 1608년에 얀 리퍼세이가 최초로 망원경에 대한 특허를 출원했다.

• **은하수** : 우리 은하. 우리의 태양계는 은하수의 가장자리에 위치하고 있다. 은하수는 약 100억 개의 별들을 포함한다. 별들이란 태양, 즉 항성들이다. 우리 은하 외에 밤하늘에서 맨눈으로 식별할 수 있는 은하는 안드로메다은하 하나뿐이다. 안드로메다은하 역시 100억 개 정도의 별들이 속해 있다. 그러나 천체 망원경으로 볼 수 있는 은하들은 엄청나게 많다.

• 행성 : 우리 태양의 위성. 행성(Planet)이라는 말은 그리스어에서 유래한 말로 '방랑자'라는 뜻이다. 그리스인들은 움직이지 않는 별 즉 '항성' 사이에서 움직이는 일곱 개의 '방랑하는 별들' 즉 달, 태양, 수성, 금성, 화성, 목성, 토성을 행성이라 불렀다. 천왕성, 해왕성, 명왕성은 18, 19, 20세기에 망원경으로 발견되었다.

3

번개를 저장하는 방법

과학에 대한 수다
신의 손에서 무기를 빼앗다
손끝의 작은 폭발
전기의 정체
번개는 정말 전기일까?

chapter 3

과학에 대한 수다

17 52년 어느 무더운 여름날 파리 베르사유 궁전의 창가에 귀부인 한 사람과 신사 한 사람이 서 있었다. 후작부인 드 라 메상그르와 기사 드 마리쿠르. 그들은 우연히 만난 게 아니었다. 프랑스 국왕 루이 15세가 마련한 궁정 파티에 초대받았던 것이다. 곧 성대한 파티가 시작될 참이었다. 맛난 음식, 재미난 유흥, 연극 상연, 정원 산책, 패션과 회화와 문학과 과학에 대한 수다.

그렇다. 과학에 대한 수다라고 했다. 당시는 계몽주의 시대였고 베르사유 궁전에서도 당연히 이 '이성의 시대'의 주요 테마가 빠질 수 없었다. 별과 지구의 움직임, 질병과 새로운 치료법, 먼 대륙과 그곳의 이상한 풍습, 그곳의 식물과 동물, 증기의 힘을 이용해 탄광의 물을 퍼 올리는 기계, 세상에서 제일 위험한 무기인 번개를 이용한 새로운 실험……

두 사람이 이렇듯 가까이 마주하게 된 이유도 번개 덕분이었다. 정원에 있는데 마침 소나기가 내렸고, 기사와 후작부인은 간발의 차로 비를 피할 수 있었다.

무시무시한 천둥소리가 잦아들고 나자 후작부인이 몸을 떨며 외쳤다. "자연은 정말 변덕스러워요. 방금까지 너무도 아름다운 여름 날씨였는데 갑자기 천둥 번개라니요."

기사가 후작부인에게로 고개를 돌렸다. "자연에서 가장 아름다운 것은 태양일 테지만 사실 그보다 더 위엄 있는 건 번개와 천둥 아닐까요? 더 제 마음대로니까요. 유피테르는 아폴론과 달리 종잡을 수가 없거든요. 그런데 번개로 새로운 실험을 했다던데, 소식 들으셨어요? 소문이 벌써 쫙 퍼졌던데요."

"말리에서 긴 막대로 하늘에서 번개를 불러왔다던 달리바르라는 사람 말씀이세요? 번개를 향해 십자군 기사처럼 창을 치켜들고 있었을 것 같진 않은데요." 후작부인이 조롱과 두려움이 섞인 목소리로 대답하며 마침 하늘과 땅을 밝힌 또 한 번의 번개를 가리켰다.

기사가 대답했다. "며칠 전에 소식을 접하고, 좀 소상하게 알아보았지요. 정말이었습니다. 그 아이디어를 낸 것은 프랭클린이라는 미국인입니다. 그는 십자군 기사가 아니라 유능한 사업가지요."

"아하! 사업가들은 아주 교양이 없어요! 그렇지만……." 그녀가 잠시 생각에 잠겼다가 입을 열었다. "교양도 단점이 있지요. 너무 뒤만 쳐다보니까. 너무 변화가 적어요. 미국은 더 낫겠죠. 틀림없이 뭐든 새로 시작할 수 있는 곳일 거예요."

"높으신 안목에 감탄을 금치 못하겠습니다. 변화가 늘 좋기만 한 건 아니지만 당신 말씀이 옳으십니다. 사업가인 프랭클린은 아주 실용적으로 생각하지요. 철학 같은 것에는 코웃음을 칠 겁니다. 피뢰침에 대한 그의 논문은 이런 구절로 시작하지요. '찻잔을 놓치면 왜 땅바닥으로 떨어지는지 아는 건 좋은 일이다. 하지만 더 좋은 건 찻잔을 떨어뜨리지 않는 것이다.'"

"맞는 말이에요. 번개가 구름의 방전이라는 걸 아는 것도 좋겠지만 더 좋은 건 번개의 피해를 막는 것이겠지요."

"놀랍습니다. 최신 과학 정보를 속속들이 알고 계시는군요."

"달리바르란 남자에 대해선 별로 아는 게 없어요. 말씀 좀 해주시지요."

"말씀드리다마다요. 달리바르는 프랭클린의 이론을 알지 못하는 상태에서 곧바로 실천에 옮긴 셈입니다. 야외에서 금속 장대를 세운 후 유리병으로 그 장대를 땅바닥과 분리시켰습니다. 그리고 비에 맞지 않도록 그 위에 지붕을 만들었지요. 뇌우가 다가오자 달리바르는 최대한 서둘러 기계가 있는 곳으로 달려갔습니다. 손에는 금속 막대를 쥐고 있었는데 그 막대에 붙어 있는 철사는 땅바닥에 닿아 있었지요. 그러고는 막대를 금속 장대에 대었어요. 그랬더니 정말로 번개가 곧바로 주변 땅으로 가지 않고 금속 장대를 따라 흐르다가 막대와 금속선을 지나 땅 속으로 흘러들어갔답니다."

"위험하지는 않았나요?"

"위험했지요. 철사가 땅에 닿아 있지 않았더라면 번개는 달리바르의 몸을 관통했을 테니까요. 하지만 달리바르의 몸보다야 철사가 훨씬 뛰어난 전도체지요."

"책에 보니 전기는 항상 금속을 따라간다고 되어 있던데…… 왜 그럴까요?"

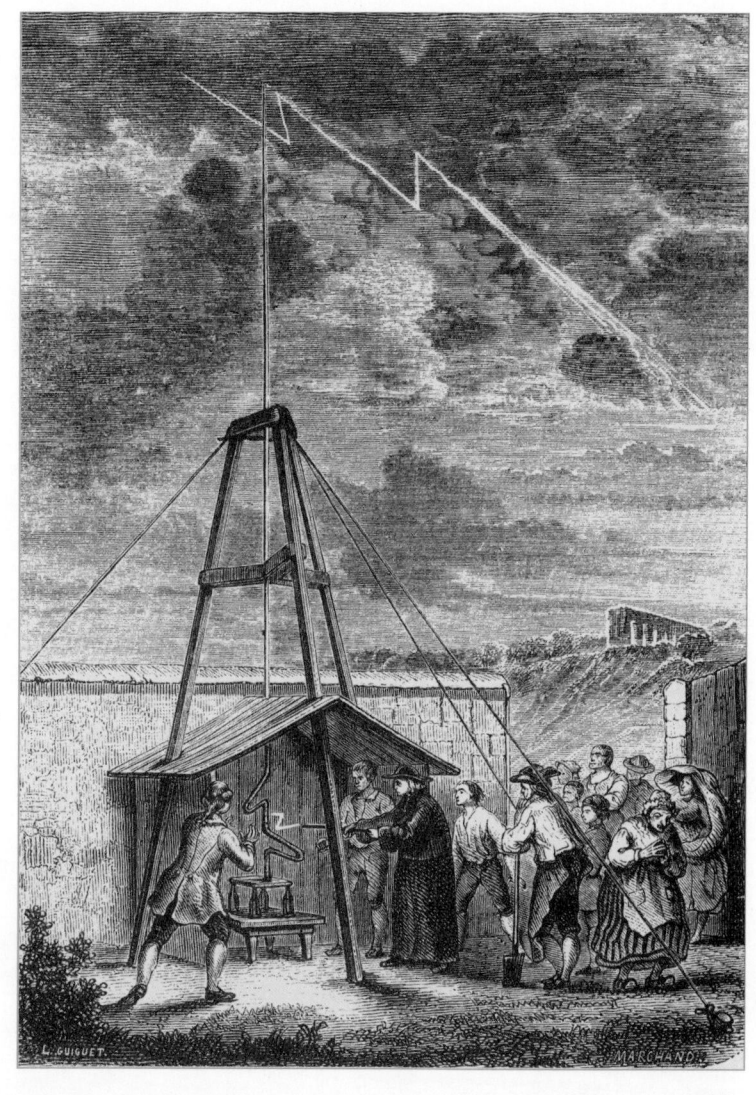

1752년에 이루어진 최초의 피뢰침 실험은 정말 위험한 시도였다. 다행히 번개는 금속 장대를 따라 흐르다가 땅 속으로 흘러들어갔다.

"정확히는 모릅니다. 물이 하수구를 따라 흐르듯 전기는 금속을 따라 흐르지요. 금속 안으로 뛰어들 뿐 주변에 다른 길을 만들려고 하지 않아요."

"엄밀히 말하면 신성모독이네요. 유피테르의 손에서 번개를 앗아버렸으니까요. 금속 장대 하나로 신의 권력을 앗아버리다니."

"번개 때문에 이 아름다운 성이 얼마나 피해를 입었는지 생각해보십시오. 피뢰침 하나만 있으면 영원히 피해를 막을 수 있을 겁니다."

"궁정의 피뢰침이 시민계급의 피뢰침과 같아서야 되겠어요? 우리 전하를 모독하는 일이지요. 장대와 금속선을 들고 번개를 기다릴 번개 시종이라도 두어야지 원." 후작부인의 말에 약간 조롱기가 있었다.

"그런데 전기가 번개랑 같은 거라면, 금속을 타고 흐를 때 번개는 어떻게 되는 건가요? 눈에 보이지가 않잖아요. 어느 책에서 읽었는데 전기도 포도주처럼 병에 저장해두었다가 며칠 후 다시 불러낼 수가 있다더군요. 그럼 몇 년 묵혀두면 전기도 아주 부드럽고 영글어지겠군요."

"정말 모르는 게 없으십니다." 기사가 우아하게 대답했다. "제안을 하나 할까요?" 기사는 대답을 기다리지도 않고 바로 말을 이었다. "왕자님의 스승이신 앙투안 놀레 씨를 개인적으로 잘 압니다."

"오! 6년 전에 전하 앞에서 용감한 스위스 근위병들과 부들부들 떨던 수사들을 데리고 멋진 실험을 하셨다던 분 말씀이신가요?"

"파리에서 그 사건을 모르는 사람은 없지요. 바로 그분이십니다. 내일 마담 샤틀레 살롱에서 전기에 대한 강연이 있을 예정입니다.

전기가 어떻게 발견되었고, 전기란 무엇이며, 전기를 어떻게 만들어내며, 어떻게 이용하는지 등에 대한 것을 알 수 있을 겁니다. 참석하시겠습니까?"

"오늘 소나기를 내려주신 하늘에 감사해야겠군요. 성대한 파티 따윈 따분해졌어요. 제 열정을 전기처럼 제 영혼에 감추어두었다가 내일 강연회에서 방전시키고 싶네요."

"조심하십시오. 열정도 전기와 같아서 아픈 상처를 남길 수 있으니까요. 그럼 내일 뵙겠습니다."

신의 손에서 무기를 빼앗다

파리의 살롱은 거추장스러운 예의범절을 지키지 않고도 열띤 토론을 벌일 수 있는 만남의 장소다. 하지만 다음 날 살롱 분위기는 긴장이 넘쳤다. 위대한 놀레의 실험. 모두가 1746년의 사건을 떠올렸다. 놀레가 왕에게 새로운 전기 실험을 선보였는데 용감한 스위스 근위병들이 기꺼이 참가자로 나섰다.

놀레는 근위병들에게 손을 잡고 원을 그리고 서라고 명령했다. 그리고 첫 번째 군인의 손에 전기가 통하는 유리병을 쥐여주었다. 병 안에는 물이 가득 들어 있었고 금속 단추가 튀어나와 있었다. 명령에 따라 마지막 군인이 금속 단추를 건드리자 모든 군인들이 전갈에 물린 것처럼 펄쩍 뛰었다. 왕은 매우 재미있어했고 이번에는 아무 것도 모르는 수사들을 동원하여 실험을 하게 했다. 그리하여 수사들은 옷을 펄럭이며 우스운 장면을 연출해야 했다. 하지만 당

러시아의 예카테리나 여대제 같은 많은 제후들에게 흑인 하인을 고용하는 것이 유행이었다. 흑인 하인들은 귀족들의 기쁨을 위해 축전기 방전의 아픔을 감내하기도 했다.

시 이 신비의 전기가 어떻게 병 속으로 들어갔는지, 또 왜 그렇게 사람을 '떨게' 만드는지 제대로 이해한 사람은 아무도 없었다.

쑥덕임이 잦아들자 놀레가 강연을 시작했다. "신사 숙녀 여러분, 17세기에 우리 인류가 갈릴레이, 데카르트, 뉴턴 같은 위인들 덕분에 하늘로부터 낚아챈 수많은 기적들에 덧붙여 우리 세기에 또 다른 기적이 추가되었습니다. 이번에는 땅에서 빼앗은 기적입니다. 지구의 모양이 완전히 동그랗지 않고, 남극과 북극은 자못 평평하다는 사실을 입증하게 된 것이지요. 또 불과 증기로 깊은 광산에서 물을 퍼내는 기계도 발명되었습니다. 그리고 드디어 우리는 유피테르 신의 손에서 그의 가장 끔찍한 무기를 빼앗았습니다. 바로 번개입니다. 이제 곧 유피테르는 어떤 성당도, 성도, 탄약고도 파괴할 수 없을 겁니다. 우리는 유피테르의 힘을 금속 장대로 부드럽게 땅속으로 인도할 테니까요."

"그럼 피뢰침을 살 수 있는 부자는 하느님의 징벌을 두려워할 필요가 없고, 가난한 사람은 하느님을 경외해도 징벌을 피할 수 없다는 말인가요?"

"신께서 왜 경건한 빈자에게 번개를 내리시겠습니까? 번개가 아니라도 벌을 내릴 방법은 많습니다. 왜 번개가 신의 무기입니까? 정말 신께서 번개로 벌을 내리신다면 왜 교회의 높은 탑에 번개가 내리치는 걸까요?"

"그 엄청난 번개가 어떻게 그런 얇은 금속 장대 속으로 들어가는 거지요?" 조급해진 후작부인이 외쳤다. "당신이 만드는 전기는 정말 번개하고 같은 물질인가요?"

"자세히 보여드리겠습니다. 판단은 그 후에 직접 하십시오. 우선

신적인 생명의 불꽃과 피뢰침. 놀레는 번개가 흐르는 물질이고 금속에 잘 스며드는 성질이 있다고 주장했다.

10년 전, 우리 학계가 얼마나 무식했는지, 그러면서도 또 얼마나 유식했는지 보여드리지요."

그는 한 걸음 물러나 유리판과 크랭크, 반짝이는 놋쇠가 달린 큰 기계 옆에 섰다. "이 기전기를 보십시오. 예로부터 알려져 있듯이 이것으로 약한 전기를 키울 수 있습니다. 호박의 작용은 그리스인들도 이미 알고 있었습니다. 호박을 문지르면 종잇조각처럼 가벼운 물건을 끌어당긴다는 것을요. 직접 보십시오. 전기라는 이름은 전자라는 이름에서 유래되었지요. 호박, 유리, 송진 등은 문지르면 가벼운 물건을 끌어당깁니다. 자석이 철 조각을 끌어당기듯이 말입니다. 이런 힘을 야기하는 신비한 물질을 전기라고 하지요."

놀레가 유리 막대를 수건으로 마찰시키자 유리 막대는 탁자에 놓여 있던 작은 종잇조각들을 끌어 올렸다.

"그러니까 달을 지구 곁에 묶어두고 행성들로 하여금 태양 주위를 돌게 하는 하늘의 힘, 중력뿐 아니라 전기 인력도 있는 겁니다. 하지만 우리가 하늘에서 관찰할 수 있는 것보다 훨씬 놀라운 것이 있습니다. 지금까지 자석의 성질로만 알았던 것이 전기에도 해당되는 것입니다. 전기는 자석처럼 서로를 밀어내기도 합니다."

놀레는 유리 막대를 비빈 후 그것을 다른 유리 막대에 매달려 축 늘어져 있던 아주 얇은 철사 두 개에 갖다 댔다. 하지만 채 갖다 대기도 전에 둘이 서로를 밀어냈다.

"이렇게 서로를 밀어낸다는 건 전기가 통한다는 확실한 신호입니다. 이렇게 전기가 흐르는지 여부를 확인하게 해주는 도구를 검전기라고 부르지요."

"이 철사는 왜 서로를 밀어내나요?" 누군가가 물었다.

"어떤 사람들은 우리 눈에 보이는 모든 물체를 구성하는 질량을 가진 물질과는 달리 전기적 물질에는 두 가지가 있다고 보지요. 또 어떤 사람들은 전기 물질은 하나뿐이라고 봐요. 다만 그 양이 넘칠 경우 +라는 기호로, 부족할 경우 —라는 기호로 표현할 수 있다는 것이죠. 원칙적으로는 두 가지 생각이 똑같습니다. 서로 다른 두 물질은 서로를 끌어당기고 같은 두 물질은 서로를 밀어낸다고 볼 수도 있고, 결핍 상태와 과잉 상태는 서로 끌어당긴다고 할 수도 있지요. 자석에서 북극과 남극은 서로 끌어당기고, 같은 극끼리는 밀어내는 것처럼요."

"유유상종이라는 속담과는 반대로군요." 한 숙녀가 외쳤다.

"늘 유유상종하는 것은 아니지요. 사람 사는 것도 그렇잖아요. 여기 남자와 여자가 있다고 합시다. 둘이 성이 다를 때는 서로 끌립니다. 그러다 결혼식을 마치고 성이 같아지면 서로 밀쳐내지요."

살롱이 웃음바다로 변했다.

놀레가 말을 이었다. "물론 여러분의 이해를 돕기 위한 농담이었고요. 전기가 원래는 하나라는 생각은 여러 가지 장점이 있습니다. 잠시 후 여러분에게 보여드릴 '라이덴 병' 실험에서 금방 깨달을 수 있을 겁니다. 전기의 위대한 혁명과 피뢰침의 아이디어를 낳은 실험이지요. 그러나 전기적인 물질이 하나라는 생각에는 단점도 있습니다. 그에 따르면 뭔가가 서로 밀어내야 하는데, 물질이 하나인데 어떻게 서로 밀쳐낸단 말입니까? 무슨 뜻인지 알겠습니까? 한번 맞혀보십시오. 수수께끼입니다."

여러 명이 해답을 외쳤고, 놀레는 고개를 끄덕였다. "맞아요. 그런데 전기의 부족과 전기의 부족은 왜 서로를 밀칠까요? 어려운 철학적 이론으로 여러분을 힘들게 해드리고 싶진 않아요. 서로 다른 재료를 통한 전기의 전도에 대해서만 조금 알려드리죠. 전기는 틀림없이 섬세한, 아마도 흐르는 물질이 틀림없어요. 그래서 전기는 많은 물체의 구멍으로 스며들 수 있지요. 금속에는 아주 잘 스며들어요. 금속같이 전기가 잘 스며드는 물체를 전기 도체라 부르지요. 하지만 구멍이 너무 작아 전기가 스며들 수 없는 물체도 있어요. 그것들을 절연체라 불러요. 유리나 밀랍 같은 것이 절연체지요."

손끝의 작은 폭발

"자, 이제 1744년에 최초로 이루어졌던 한 유명한 실험을 선보이려고 합니다. 자원자 두 사람이 필요해요. 그 중 한 사람은 손가락 끝이 좀 아플 테니 각오를 하고 나오셔야 합니다."

경고에도 불구하고 여러 명이 손을 들었다. 놀레는 가냘프게 보이는 여자 하나와 튼튼해 보이는 남자 하나를 골랐다. 물론 아픔을 당할 사람은 남자 쪽이었다. 실험 조수로 후작부인 드 라 메상그르와 기사 드 마리쿠르가 뽑힌 것은 우연이었을까? 놀레는 후작부인더러 비단 줄에 매인 그네에 앉으라고 했다.

"재미로 그네를 타시게 하는 게 아닙니다." 놀레가 강조했다. "부인은 이런 위험한 세계에 발을 디디고 있으면 안 됩니다. 그럼으로써 내가 부인에게 충전시키고자 하는 전기는 땅속으로 도망갈 수가 없게 되지요."

후작부인은 한 손은 기전기에 대고, 한 손으로는 숟가락을 들고 있어야 했다. 놀레는 과장된 몸짓으로 숟가락에 액체를 스무 방울 떨어뜨렸다.

"애주가들의 영약, 100퍼센트 순수 알코올입니다. 알코올은 여기서 드디어 물리학에 보탬이 되죠. 이제 부싯돌이나 초자연적인 힘을 빌리지 않고 알코올에 불을 붙일 것입니다. 기전기로부터 후작부인을 통해 숟가락으로 흘러가는 전기를 통해서 말이지요."

기사는 한 손으로는 전기기계와 연결된 철사를 들고 있어야 했다. "이 철사가 이미 새로운 인식이에요."라고 놀레가 외쳤다. "이 실험을 맨 처음 했던 프로이센의 군의관 루돌프는 전기가 기계로부터 여인을 통해서 남자의 손가락으로 이어지는 것에 그치지 않고 남자로부터 다시 기계로 돌아갈 수 있을 때 더 잘 통한다는 것을 알지 못했답니다. 그것을 전기회로라고 하지요."

기전기가 돌아가고, 기사는 손가락을 숟가락에 대어야 했다. 알코올과 손 사이에 바지직거리는 소리가 나자 드 마리쿠르는 몇 번 어깨를 움찔거렸다. "아름다운 여인 가까이 있으면 언제나 그렇게 몸을 떠십니까?" 누군가가 소리쳤다.

그때 좀 강하게 바지직하는 소리가 났다. 앞에 앉은 사람들은 작은 스파크를 보았다. 그리고 곧 숟가락에서 불꽃이 타올랐다. 한순간 숨 막히는 침묵이 흘렀다. 그리고 다음 순간 모두 우레 같은 박수를 보냈다. 어떤 백작부인은 놀란 나머지 옆에 앉은 여인에게 이렇게 말했다. "인간이 학문을 통해 얼마나 위험한 힘을 얻게 되는 것인가요. 5000년 전, 신적인 생명의 불꽃이 하느님의 손가락으로부터 진흙덩이 아담에게로 옮겨가지 않았던가요? 미켈란젤로는 그것을 멋지게 그렸었지요. 이제 우리는 보이지 않는 물질로 이런 불

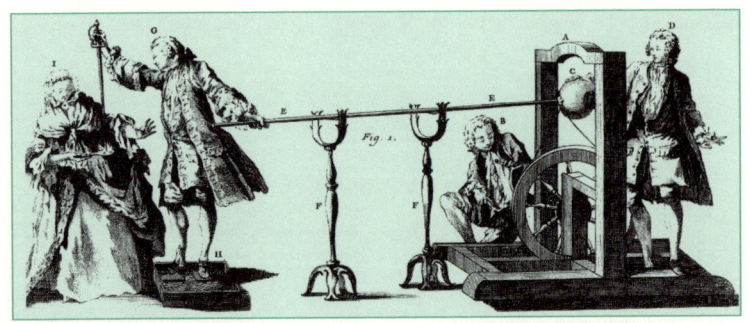

놀레는 이 그림에서 묘사한 실험에 약간의 변화를 주었다. 이 그림에서 스파크는 칼끝에서 숟가락으로 옮아갔다. 여인은 아직 기전기와 전기회로 연결이 되지 않은 상태다.

꽃을 생산할 수 있고, 인간을 통해 보낼 수 있다니요……."

"호호, 하지만 저 기사는 원래 살아 있는 상태였어요." 옆에 앉은 여인이 말을 끊었다.

그러나 백작부인은 헷갈리지 않고 말을 끝맺었다. "그리고 이제 우리가 있는 자리에서 그것이 다시 불꽃으로 바뀌다니…… 거의 하느님이 하는 것처럼요."

놀레의 목소리가 홀 안의 웅성거림을 진정시켰다. "신사 숙녀 여러분, 이 실험은 우리 세기의 가장 위대한 실험의 서막일 뿐입니다. 라이덴의 뮈셴브루크 교수는 정확히 6년 전인 1746년에 여러분의 귀로 방금 들으셨던 바지직하는 작은 스파크를 엄청나게 키웠습니다. 여러분 모두 당시 그 소식을 접하셨을 것이고, 그에 대한 실험을 보신 분도 계실 것입니다. 하지만 저는 오늘 여러분에게 그것을 더 인상적으로 보여드리겠습니다. 우선 라이덴의 유명한 실험을 해보죠."

놀레는 약품을 채울 때처럼 커다란 유리 플라스크를 높이 쳐들었

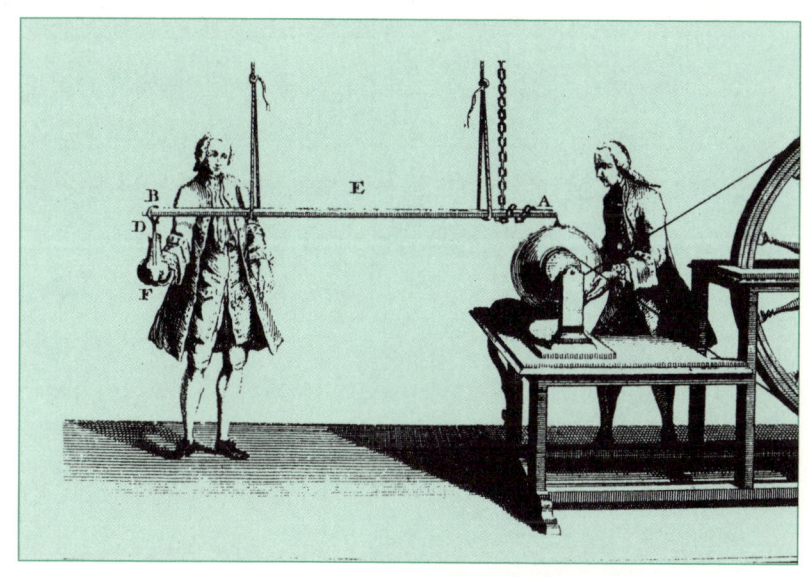

다. 그리고 천천히 맑은 물을 부어 플라스크를 반쯤 채웠다. 그러고 나서 구부러진 철사를 물속에 넣었다. 플라스크의 목 밖으로 삐져 나온 철사의 끝에는 작은 금속 구슬이 달려 있었다. 놀레는 구슬이 달린 플라스크를 기전기 옆에 고정시키고는 이렇게 외쳤다. "이제 다른 쪽 손에 들고 있는 두 번째 철사에 주의하셔야 합니다. 이 철 사는 나의 몸을 통하여 플라스크의 겉면과 기전기를 다시금 연결시 키고 있습니다."

조수가 크랭크를 돌렸다. 아까와 똑같은 바지직 소리가 들렸다. 가까이에 앉은 사람들은 기전기와 플라스크 옆의 금속 구슬 사이에 작은 불꽃(스파크)이 옮아가는 것을 보았다. 청중들은 긴장해서 눈 을 꼭 감았다. 그러나 아무 일도 일어나지 않았다. 놀레는 기전기에

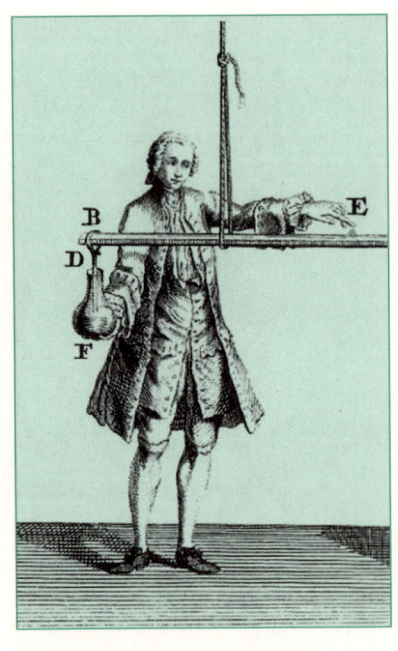

1746년 라이덴 병은 이렇게 방전되었다.

서 플라스크를 떼어서 탁자 위에 세우고, 철사를 떼어내고 손가락을 금속 구슬에 대었다. 몇몇은 무슨 일이 일어날 것인지를 예감하고 몸을 움츠렸다. 그러나 이번에도 아무 일도 일어나지 않았다. 놀레는 다시금 탁자에서 플라스크를 들고는 다시 한 번 손을 구슬에 가져다 댔다. 그러자 아무도 기대하지 않고 있던 순간 작은 폭발이 일어났다. 그 전의 불꽃들(스파크)보다 훨씬 더 밝은 스파크였다. 그리하여 맨 마지막 줄에 앉은 사람들까지도 스파크가 금속 구슬에서 놀레의 손가락으로 옮겨가는 것을 똑똑히 보았다.

그러나 놀레는 만족하지 않았다. "스파크는 훨씬 더 커질 수도 있습니다. 물론 아픔도 말이지요." 놀레는 갈채가 쏟아지기 전에 미소를 지으며 그렇게 덧붙였다. 그러고는 실험을 처음부터 다시 한 번 반복했는데 이번에는 플라스크를 탁자 위에 내려놓지 않고 한 손으로 든 채 손가락을 구슬에 대었다. 그러자 폭발음은 훨씬 컸고 스파크도 훨씬 강했다. 청중들의 갈채도 그만큼 우렁찼다. 그리고 갈채와 더불어 청중들의 긴장도 풀렸다.

전기의 정체

하지만 이것이 강연의 클라이맥스는 아니었다. 놀레는 강의를 계속했다. "여러분 모두 공동으로 이 실험에 참가했던 왕의 근위병들과 수도사들을 기억하실 것입니다. 여러분 중 그런 즐거움을 경험해보신 분 있습니까?"

몇 사람이 손을 들었다.

"이제 이런 라이덴 병의 작은 스파크를 여인들의 민감한 신경에 적당하도록 훨씬 더 부드럽게 만들 수 있습니다. 그러려면 여기 계신 모든 분들이 방전에 동참하셔야 합니다. 함께 할 준비가 되셨습니까? 오직 즐거움만을 느끼시게 될 겁니다."

이런 확신에도 불구하고 대부분의 여인들은 망설였다. 몇몇 신사들도 시큰둥해하는 모습이었다.

"여러분의 의지에 전기적 추진력을 불어넣으십시오. 과학에는 용기가 필요합니다. 여성들의 용기도 말입니다."

한참 웅성거린 후에 못마땅해하던 사람들까지 마침내 동참 의사를 밝혔다. 놀레는 용감한 청중 모두를 손을 잡고 죽 늘어서게 했다. 청중들은 실험 탁자로부터 기차놀이를 하는 것처럼 구불구불 곡선을 그리며 줄을 섰다. 놀레는 라이덴 병을 다시금 충전했다. 하지만 기전기를 두세 번만 돌려, 전보다는 훨씬 약하게 했다. 그리고 옆에 서 있는 아가씨의 손을 잡고는 줄의 맨 끝에 선 남자에게 나머지 한 손을 플라스크 목 위의 구슬에 대라고 지시했다.

곧장 작은 스파크가 전달되었고, 움찔하며 놀라 비명을 지르지 않은 사람은 한 사람도 없었다. 한바탕 웃고 소란을 피우는 가운데,

몇몇 사람들은 손에 어디 데거나 찔린 곳이 없는지 살펴보았지만 그런 곳은 없었다. 놀레는 청중들을 조용히 시킨 후, 자세한 설명을 시작했다.

"여러분은 틀림없이 무슨 일이 벌어진 것인지 궁금하실 것입니다. 여러분께 '+'와 '−'로 모든 것을 탁월하게 설명할 수 있다고 약속 드렸던 것 기억나시지요? 걱정하지 마십시오. 수학은 아주 정확한 학문일 뿐 아니라, 많은 것들을 명확하게 만들어줄 수 있습니다.

우선 내가 기전기의 유리판을 돌릴 때 무슨 일이 일어납니까? 유리판과 거기에 밀착된 두 쿠션 사이에서 마찰이 일어나 쿠션으로부터 정상적으로 존재하던 전기가 빠져나가게 됩니다. 그리하여 그곳에는 전기가 부족하게 되지요. 따라서 (−)를 띠게 되는 것이에요. 그리고 유리판에는 전기가 넘치게 되므로 (+)를 띠게 되지요. 넘치는 전기는 기전기 위쪽의 금속 끝을 통해 기전기에 흡수됩니다." 놀레는 유리판의 위쪽 부분에서 가로로 뻗어나간 금속 빗 같이 생긴 것을 가리켰다.

"나는 앞서 여기 금속 빗에 라이덴 병의 금속 머리를 고정시켜놓았어요. 그러니까 이 부분은 (+) 전기가 흐르는 것이지요. 그리고 위에서 이야기한 쿠션 속의 전기 부족 상태는 금속 도체를 통해 여기 이 단추가 있는 부분까지 퍼집니다. 이것을 기전기의 다른 극, 즉 마이너스 극이라고 부릅시다. 따라서 이 모든 부분에는 (−)전기가 흐르게 되는 것입니다.

나는 바로 여기에 철사를 매어놓았어요. 이 철사를 통해 (−)전기는 나의 두 손을 거쳐 라이덴 병의 겉면으로 흐릅니다. 따라서 금속 머리 부분과 플라스크 목 부분, 물을 거쳐 플라스크 안쪽은 전기

의 과잉, 즉 양전기를 띠게 되고, 플라스크의 겉면은 전기의 부족,
즉 음전기를 띠게 되는 것이에요. 두 가지 상태는 이렇게 가까이 있
고, 전기적 균형을 이루고자 함에도 플라스크의 유리에 막혀서 그
럴 수가 없게 되지요."

　청중들의 얼굴빛에서 놀레는 청중들이 잘 알아듣지 못하고 있음
을 눈치 챘다. 그리하여 그림을 그리면서 설명을 하자 대부분의 청
중이 이해하기 시작했다.

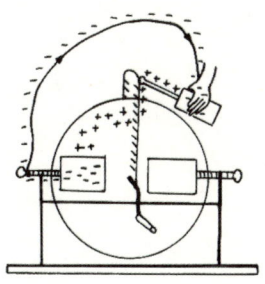

　놀레는 설명을 계속했다. "내가 플라스크를 탁자 위에 놓으면 플
라스크는 충전된 상태로 있어요. 그때 외부에서 금속 구슬에 손가
락을 대어도 (＋)와 (－)가 균형을 이루려는 충동에 별달리 도움을
주지 못하지요."

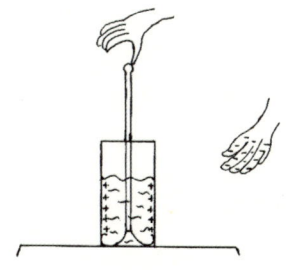

"왜 그렇지요?" 청중 한 사람이 물었다.

"한 은행에 예금액이 들어 있는 계좌가 있고, 다른 은행에 예금액만큼이나 되는 빚이 있는 계좌가 있다고 합시다. 우리가 예금액이 있는 은행에 도착하기만 하는 것으로는 빚이 청산되지 못합니다."

이 비유를 이해한 청중들의 얼굴이 밝아졌다.

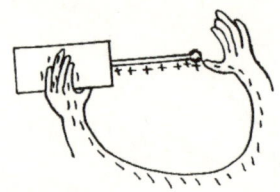

"하지만 내가 플라스크를 다시금 손에 들면 남는 전기를 나의 몸을 통해 부족한 쪽으로 흘러가게 할 수 있지요. 따라서 내가 저금한 돈을 빚이 있는 계좌로 송금하는 것이나 마찬가지입니다.

나의 손가락에서 튀는 스파크는 이런 균형이 이루어지는 것을 보여줘요. 그 후에는 아무 일도 없었던 것처럼 모든 것이 조용해지고 중성을 띱니다. 플라스크의 안쪽, 바깥쪽 모두 다시금 정상적인 전기를 띠게 되고, 빚이 청산되는 것이지요."

"전기가 이렇게 많은 사람들을 아무런 방해 없이 통과할 수 있다는 것은 정말로 놀라운 일이로군요." 한 여성이 외쳤다.

그러자 놀레는 약간 몸을 굽히며 이렇게 덧붙였다. "마담, 거기서 놀라운 것은 부드러워 보이는 당신의 얇은 피부 층이 한쪽 손에서 다른 쪽 손에 이르는 모든 살과 피보다 전기적 물질에 훨씬 더 강하게 저항한다는 것입니다. 마찬가지로 놀라운 것은 모든 생물이 종이로 만든 집 한 채에도 해를 끼칠 없는 아주 작은 전기적 스파크에도 그렇게 민감하다는 것이에요."

번개는 정말 전기일까?

"어떻게 그렇게 멋진 발명을 하게 되었는지 놀랍기 짝이 없군요." 한 청중이 외쳤다.

"우리가 전기를 정확히 안다면 아마도 매주 놀라운 발명품이 등장할 거예요. 그리고 20년쯤 지나면 우리는 하늘의 문에 닿게 될 것이고 파라다이스가 어떻게 열리는지를 알 수 있게 되겠지요. 그러나 유감스럽게도 이 분야 최고의 전문가가 반드시 대담한 발명을 하게 되는 것은 아니에요. 종종은 문외한들이 더 나은 환상을 품지요. 이런 발견을 한 사람 역시 저명한 뮈셴브루크 교수가 아니라, 그의 집에 머물던 한 문외한이었어요. 그는 모든 전문가가 절연 걸상에 앉으라고 충고했었을 것임에도 마룻바닥에 서 있다가 플라스크에 감전되었어요. 전기가 그의 몸과 신발의 가죽 밑창과 나무 바닥을 거쳐 기전기로 되돌아갈 수 있었기 때문에 그의 몸에 전기가 통했던 것이지요. 물론 가죽 구두창과 마룻바닥보다는 철사에 전기가 더 잘 통하지만요."

"그러니까 무엇보다 문외한을 연구원으로 기용해야 하는 것이로군요!" 한 여인이 외쳤다.

"무엇보다 가능한 한 연구를 많이 해야겠죠. 물론 지적 욕구가 넘치는 문외한과 함께, 그리고 좋은 도구와 더불어서요. 그것은 새로운 경험을 낳지요. 오늘날 세상 모든 것을 대상으로 전기가 통하는지 실험되고 있어요. 모든 물체가 시험되었고, 그 중에는 액체들도 있었지요. 물론 액체들을 실험하려면 액체를 용기에 채워야 했고, 그러므로 어느 순간 이런 발견은 불가피했을 거예요. 하지만 이제 번개로 한번 가볼까요? 번개가 정말로 전기일까요? 여러분에게 아까보다 천 배 내지 만 배 강한 스파크를 보여줄 수 있어요. 그러면 여러분은 확신할 수 있을 겁니다."

청중들 사이에 놀라는 빛이 역력했다. 놀레는 커다란 유리 플라스크를 손에 들었다. 안쪽은 금속박지로 대어져 있었고, 거기에 철사가 고정되어 있었다. 철사 끝은 이전 플라스크에서처럼 작은 금속 구슬과 더불어 플라스크 위쪽으로 튀어나와 있었다. 놀레는 이제 플라스크 겉면에도 금속박지를 씌웠다. 그리고 플라스크를 이전처럼 충전시켰다. "이것도 라이덴 병이라고 부릅시다."

"그런데 왜 이번에는 물을 사용하지 않는 거지요?" 드 라 메상그르 후작부인이 옆에 앉은 남자에게 물었다. "아, 알 것 같아요." 그가 속삭였다. "부족한 전기와 남는 전기는 플라스크의 안쪽 면과 바깥쪽 면에 있어요. 안쪽의 물은 전기가 남아돌아요. 그리고 물이 없어도 유리 플라스크의 안쪽 벽에 전기가 통하기만 하면 되는 거예요. 그것을 위해 금속박지가 사용된 것이죠."

이제 놀레는 플라스크를 방전시켰다. 손이 아니라, 안면과 겉면을 서로 연결시키는 철사를 이용했다. 그러자 정말로 훨씬 강한 스파크와 폭발이 일어났다.

"손가락으로 했다면 화상을 입었을 거예요. 전기 충격으로 가슴 속까지 얼얼했겠죠. 작은 동물들은 이 정도로 마비될 수 있어요. 하

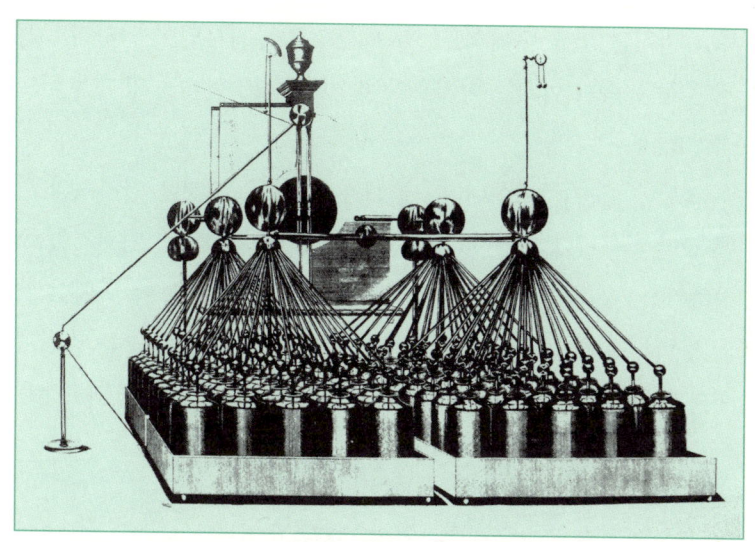

▌ 이런 '무거운' 축전기 배터리를 미리 충전시키면 엄청난 스파크를 만들어낼 수 있었다.

지만 이제 스파크를 더 세게 해보려고 합니다."

놀레는 함석을 댄 커다란 판을 가리켰다. 금속판 위에 금속박지를 씌운 똑같은 유리통 100개가 정사각형 모양으로 세워져 있었다.

"이런 플라스크의 겉면을 씌운 금속박지는 모두 커다란 금속판으로 연결되어 있습니다. 그리고 안쪽 박지는 위쪽에 있는 금속 구슬을 통해서 연결되어 있지요. 따라서 이런 통합회로를 통해 백 배는 큰 플라스크를 만든 것입니다. 이런 라이덴 병들의 병렬회로를 '배터리'라고 불러봅시다."

놀레는 철사를 기전기에 연결시켜 이런 '배터리'를 충전시켰다. 기전기는 상당히 오래 돌아갔고, 찌지직거리는 소리가 충전이 최대로 되었음을 알렸다. 이어 놀레가 전에 사용했던 철사로 배터리를 방전시키자, 작은 번개 같은 무지막지한 스파크가 일었다.

숨 막히는 고요 속에서 드 라 메상그르 후작부인이 외쳤다. "하지만 구름 속의 번개는 이것보다 훨씬 길어요. 번개는 땅까지 이르잖아요!"

"정말 좋은 지적이십니다." 놀레가 말했다. "그것은 기전기의 힘에 달려 있습니다. 자연은 구름 속에서 훨씬 더 강력한 기전기를 구성하지요. 우리의 최신식 물리학 실험실에 있는 것보다 몇백만 배더 강력하지요. 하지만 원칙은 똑같아요. 구름과 지표면은 라이덴병의 안쪽 면과 바깥 면이라고 할 수 있어요. 지면 어디엔가에 작은

▌ 번개는 음전기를 띤 구름으로부터 양전기를 띤 가까운 곳으로 뛰어든다.

손가락만 있으면 방전이 가능하지요. 탑이나, 때로는 나무 같은 '손가락'으로도 전기가 옮아간답니다.

이런 자연의 힘을 우리의 기계로 모방할 수 있다는 것은 정말 놀라운 일입니다. 우리의 행성계를 결집시키는 중력을 생각해보세요. 실험으로는 절대로 중력을 시연해 보일 수 없습니다. 아무리 큰 구슬이라 해도 구슬끼리 서로 끌어당기는 걸 느낄 수 없어요. 커다란 지구만이 그런 힘을 행사하지요." 이렇게 말하면서 놀레는 일부러 금속 숟가락을 바닥에 떨어뜨렸다.

"자, 다시 전기 이야기로 돌아가봅시다. 라이덴 병은 모든 곳에 흩어져 있는 약한 전기를 모아 무지막지하게 키울 수 있어요. 그리고 전기를 이런 저장소에 보관할 수 있지요. 원하는 기간까지요. 우리는 50년 후 19세기 사람들에게 자랑스럽게 이야기할 수 있을 거예요. '우리는 벼락을 샴페인처럼 병 속으로 끌고 들어왔다. 너희는 무엇을 할 수 있니?'라고."

• 번개 : 구름은 지구에 대하여 1억 볼트가량의 음전기 또는 양전기를 띨 수 있다. 이 정도면 단순한 기전기보다 1만 배는 세다. 그리고 벼락이 칠 때는 2만 암페어의 전류가 흐를 수 있다. 기전기에서보다 수백만 배 많은 양이다.

• 전기 : 금속에서 전자는 전류로서 흐르며 전기를 띠게 된다. 구름의 물방울들과 같은 액체와 기체에서도 하전된 원자들이 있을 수 있다. 이런 원자들은 보통 더 많은 혹은 더 적은 전자들을 가지고 있다. 그들은 이온이라 불린다. 반도체에서는 종종 '전자구멍(정공)'으로 전기가 통한다. 유리 같은 절연체에서는 자유전하가 아주 적다. 18세기에 이와 같은 사실은 알려져 있지 않았고, 보이지 않는 '전기유체'가 있다고 생각되었다.

• 벤저민 프랭클린(1706~1790) : 북아메리카의 정치인, 작가, 출판인, 자연연구가, 미국 독립의 선구자였다. 전기 회로에 대한 생각과 라이덴 병 이론, 한 종류의 전기유체가 있다는 일류체설과 피뢰침에 대한 대담한 제안은 그에게서 나온것이다.

• 축전기 : 전류회로가 닫힘으로써 전하가 방전될 때까지 오랫동안 전하를 저장해둘 수 있는 전자 부품. 현대의 축전기로는 전해콘덴서와 와이어콘덴서가 있다. 와이어콘덴서의 경우 두 개의 얇은 전선이 그 사이의 조금 더 얇은 절연체선과 함께 말아져 있다. 그로써 저장 면적이 라이덴 병보다 훨씬 더 커지고, 두 금속면의

간격은 더 작아져 '용량', 즉 저장 능력이 더 커진다. 마이크로 칩에도 미세한 축전 기들이 통합되어 있다.

• **뮈셴브루크, 피테르 반(1692~1761)** : 덴마크 라이덴 대학의 자연연구 가이자 교수. 뮈셴브루크가 (물을 채운) 라이덴 병의 저장 능력을 최초로 깨달은 것 같지는 않고 그의 지인인 법학자 크네우스가 전기 이론을 전혀 알지 못하는 상 태에서 자신의 몸을 절연하지 않고 유리 용기를 그냥 손에 들었던 듯하다. 독일인 에발트 위르겐 폰 클라이스트는 그보다 두세 달 전에 그런 전기 충격을 경험했었 으나, 폰 클라이스트와 그와 편지를 주고받은 사람 역시 거기서 가장 중요한 것을 깨닫지는 못했다.

• **놀레, 장 앙투안(1700~1770)** : 자연연구가, 파리 왕자들의 스승이었다. 1750년경 놀레는 전기의 '교황'으로 여겨졌다. 그는 전류회로와 방전에 대해 그렇 게 간단하게 생각하지 않았다(역사 속에서 그 생각들이 너무 단순하게 묘사되다 보니 제대로 전달되지 못했다). 놀레는 벤저민 프랭클린의 이론을 단호하게 반대했 다. 그리하여 전기가 라이덴 병의 한쪽 금속 면에서 다른 쪽 면으로 유리를 통해서 흐를 수 있을 거라고 확신했다.

• **마찰기전기** : 마찰을 통해 정전기를 발생시키는 기계. 유리구슬이나 유리판 을 돌려서 마찰을 하면 음성을 띤 전자들이 분리되어 철사로 이동한다. 그러면 나 머지 물질은 양전기를 띠고 남게 된다. 이를 통해 아주 높은 전압이 생성될 수도 있다. 18세기에 이미 10만 볼트 이상의 전압에 도달했다. 하지만 전류는 아주 약해 서 화학적 목적이나 조명이나 전신에 이용될 수 없었다.

4

세계 최초의 배터리

전기 고문하는 남자

경련하는 개구리 뒷다리

근육에 숨은 전기

동물 전기 vs. 금속 전기

볼타의 기둥

chapter 4

전기 고문하는 남자

"머리에 피도 안 마른 녀석이 대학으로 기어 들어와서······ 자기가 뭐 공작의 아들이라도 되는 줄 아나 보지? 뻔뻔 스럽게!" 대학 시설 관리인이 소리를 질렀다.

"전 웬만한 대학생보다 아는 게 많다고요." 열네 살짜리 루치아 노가 반항했다. 걸음마를 시작한 이래로 루치아노는 번번이 아버지 에게 걱정을 끼쳤다. 아버지 살바토레 파스쿠알레는 볼로냐 출신의 열쇠장이였는데, 루치아노는 일찍이 남의 집 열쇠를 감쪽같이 복사 하여 '유령'처럼 그 집에 등장해 이웃들을 기겁하게 만들었다. 열 쇠를 만들고 남은 금속으로 덫을 만들어 들에 나가 토끼를 잡기도 했다. 물론 금지되어 있는 일이었다. 사냥은 귀족들에게만 허락되 었다. 그 후에는 산 피에트로 교회의 피뢰침을 자르다가 붙잡혔다. 정말이지 그런 행동은 범죄 행위라고밖에 할 수 없었다. 그러나 루치아노는 어찌하여 담에 좋은 쇠를 여러 개 박아놓은 것인지 영문을 알 수 없었다. 화가 머리끝까지 난 아버지는 빵과 물만 준 채 이틀 동안 아들을 집 안에 가두었고 단단히 엄포를 놓았다. "이놈의 자식, 너 같은 놈은 갈바니 교수에게 보내버릴 테다. 갈바니 교수는 사람과 동물을 갈기갈기 해부할 뿐 아니라, 전기로 고문한다지. 전기가 피뢰침으로 들어가지 않으면 얼마나 무서운 건지 호되게 당해보고 나서야 알렸다!"

물론 엄포에 불과한 말들이었다. 갈바니 교수가 살아 있는 사람을 전기 고문할 리도 만무했지만 말이다. 사실 살바토레는 아들의 손재주와 영리함에 내심 감탄하고 있었다. 결국 루치아노는 자신을 빼닮은 아들이었던 것이다.

그러나 루치아노는 이틀간 갇혀 있었음에도 불구하고 실험 동물이 되는 것을 결코 무서워하지 않았다. 반대였다. 아버지가 그를 풀어준 후 갈바니 교수에게 보내겠다는 말이 화가 나서 그냥 해본 말이라고 했을 때 루치아노는 실망해서 제 발로 갈바니 교수를 찾아가기로 결심했다.

모험에 대한 동경이 느껴졌다. 전기는 열쇠나 쇠막대기보다 더 흥미로울 것이고 하늘, 번개, 구름, 무엇보다 철과 관계가 많을 것이다. 그리고 철에 대해서라면 루치아노도 잘 알고 있었다.

루치아노는 대학으로 숨어 들어갔다. 영리한 루치아노는 대학생 몇 명을 사귄 다음, 술을 마시다 밤늦게 돌아와도 기숙사에 들어갈 수 있도록 기숙사의 열쇠를 복사해 주었으며, 대학생들은 그 대가로 관리인들의 눈초리를 피해 강의를 들을 수 있게끔 루치아노를 숨겨주었다. 루치아노는 아직 어리고 청강료를 낼 만한 돈이 한 푼도 없었으니 말이다. 그리하여 루치아노는 몇 달간 발각되지 않고 의학에 대해 이것저것 주워들었고, 몸서리를 쳐가며 시체를 해부하는 광경을 관찰했으며, 심장이 어디에 있는지를 알았고, 갈바니 교수가 전기 불꽃을 통과시키자 인간과 개구리 시체의 근육들이 경련하는 것을 보았다. 갈바니 교수는 고등 생물은 모두 전기에 민감하다며, 아마도 모든 생물 속에 전기가 들어 있을지도 모른다고 설명했다.

루치아노의 부모는 아들이 갑자기 얌전해진 것에 놀랐다. 루치아노는 이제 읽기와 쓰기도 자원해서 배우고자 했다. 루치아노의 아버지는 독학으로 힘들여 글을 터득했고, 그것을 아들에게 가르치려고 했지만 그전에는 통하지 않았던 것이다. 영리한 루치아노는 순식간에 글을 떼었다. 그리고 바로 오늘 갈바니 교수의 특별히 흥분되는 실험 후에 관리인에게 붙잡히고 말았다.

오늘 실험에서 루치아노는 전기를 전혀 통하게 하지 않았는데 개구리 뒷다리가 움찔하는 광경을 목격했다. 갈바니 교수는 개구리에게서 2미터 정도 떨어진 곳에서 기전기의 스파크를 튀게 했다. 그러자 개구리 뒷다리가 마치 동감한다는 듯 경련하는 것이 아닌가. 루치아노는 몇 주 전 책에서 비슷한 내용을 읽은 적이 있었다. 어느 의대생이 빌려준 책이었는데 루치아노는 가능하면 빨리 그 책 내용을 다시 한 번 확인하고 싶어 조심성 없이 유서 깊은 대학의 복도를 내달리다가 관리인의 손에 걸려들었던 것이다.

관리인은 루치아노의 멱살을 붙들고, 대학 사무실로 향할 기세였다. 루치아노는 다시 집에서 '옥살이'를 더 해야 할지도 몰랐다. 구경하던 대학생 중 한 사람이 이런 제안을 하지 않았더라면 십중팔

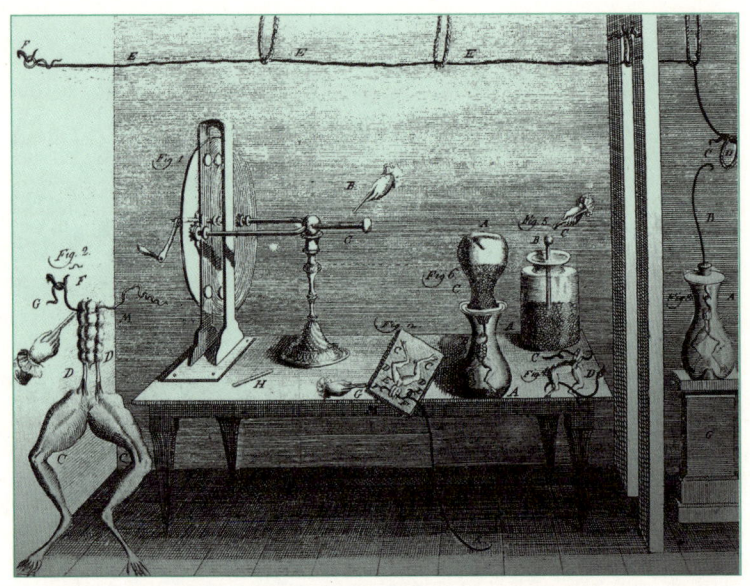

갈바니는 이렇게 시작했다. 근처에서 전기 스파크를 일으키면 개구리 뒷다리가 움찔했다.

구 그랬을 것이다. "그 애를 갈바니 교수님께 데려다 주시는 게 어 때요? 스파이 짓을 하려고 여기 들어왔는지 알 게 뭐예요. 갈바니 교수님은 막 새로운 발견들을 한 상태잖아요. 그러니 우선 갈바니 교수님이 이 녀석을 심문하시는 게 좋을 것 같아요."

관리인은 그 제안을 좋게 여겼다. 그렇게 해서 유명한 해부학자 에게 잘 보여놓는 일도 나쁘지 않을 것이다. 관리인은 속으로 안도 의 한숨을 쉬고 있는 루치아노를 끌고 갈바니 교수 방으로 향했다. 루치아노는 위대한 학자 앞에 서는 것이 두렵기도 했지만, 한편으 로는 그를 만난다고 생각하니 가슴이 뛰었다. 그의 집안에서 지금 까지, 그것도 열네 살의 나이에 유명한 교수를 만난 사람이 또 누가 있단 말인가!

루이기 갈바니는 하품을 하면서 연구실에 앉아 있다가, 문 두드리는 소리가 나자 적이 인상을 찌푸렸다. 학점을 올려달라거나 강의료를 지불할 수 없다며 통사정을 하러 온 학생일 거라고 생각했기 때문이다. 그러나 그의 우려는 빗나가고 말았다. 갈바니 교수는 관리인의 손에 이끌려 들어오는 어린 소년을 쳐다보았다. 관리인은 급하고 의기양양했고, 소년은 약간 수줍어 보였으나 그에게 뭔가를 부탁하러 오는 대학생들과는 달리 전혀 풀죽은 표정이 아니었다.

"교수님, 이렇게 쓸데없이 귀찮게 해드려서 죄송해요. 아, 이놈 좀 보세요. 글쎄 이놈이 벌써 몇 개월 동안 학비도 내지 않고 몰래 교수님 강의를 들었어요. 대학생도 아니면서…… 그래 놓고는 글쎄 자기가 교수님보다 더 똑똑하다고 주장하는 거예요."

"제가 언제 교수님보다 똑똑하다고 했어요? 웬만한 대학생들보다 많이 안다고 했지요." 루치아노가 용감하게 말했다.

갈바니는 고개를 갸우뚱거렸다. 뭔가를 깊이 생각하는 듯이 보였다. 그러나 갈바니는 이 두 사람을 내쫓은 다음에 계속 졸 것인가, 아니면 둘을 내쫓지 않고 졸 것인가 망설였을 따름이다. 그러고는 후자를 선택했다. 내쫓을 기운도 없어서였다.

루치아노는 갈바니가 고개를 갸우뚱하는 것을 자신을 변호하도록 허락해주는 것으로 이해했다. 참으로 대단한 기회였다. 루치아노는 폭포수처럼 말을 쏟아내기 시작했다. 철에 대한 지식에 대하여, 자신이 만든 많은 것들에 대하여, 읽기 쓰기 능력에 대하여, 피뢰침과 관련한 경험에 대하여……. 루치아노는 점점 더 자신감을 얻었다. 갈바니가 그의 말을 중단시키지 않았기 때문이다. 루치아노는 갈바니가 자신의 말에 귀를 기울이지 않고 있다는 사실을 알지 못했다.

소년의 목소리에 갈바니는 어린 시절이 떠올랐다. 갈바니는 꿈을 꾸기 시작했다. 고양이, 개와 함께 뛰놀던 어린 시절. 운하에서 잡았던 개구리……. 개구리를 맨 처음 개굴거리게 하는 사람이 승자였다. 루이기 갈바니는 거의 언제나 맡아놓고 이겼고, 다른 아이들은 화가 머리끝까지 올랐었는데…… 그리고 지금은…… 갈바니는 갑자기 다시금 현실로 돌아왔다. 죽은 개구리를 움찔거리게 함으로써 학문적으로 '개굴' 하도록 하고 있는 것이 아닌가! 개구리가 움찔한다는 것은 그 안에 동물 전기가 들어 있다는 증거가 아닌가! 갈바니는 오랫동안 그렇게 믿어왔고 결국 그것은 전기뱀장어와 전기가오리에게서도 확인될 수 있는 것이었다.

경련하는 개구리 뒷다리

"난 교수님의 의견에 찬성하지 않아요." 갈바니의 귀에 갑자기 루치아노의 목소리가 들려왔다. "그것이 개구리 속에 동물적 전기가 들어 있다는 것을 보여준다는 것에 대해 말이에요. 예전에 어떤 책에서 번개가 칠 때 번개가 내리친 자리에서 집 하나 사이를 두고도 사람이 죽을 수 있다는 이야기를 읽었어요. 번개 전기의 반동이 멀리까지 작용하기 때문에요. 모든 물질 속에 들어 있는 일반적인 전기가 번개를 통해 심지어 인간의 신체에까지 갈갈이 갈라졌다가 다시금 모이게 되는 게 아닐까요?"

때마침 갈바니가 백일몽에서 깨어나 루치아노의 영리한 논지를

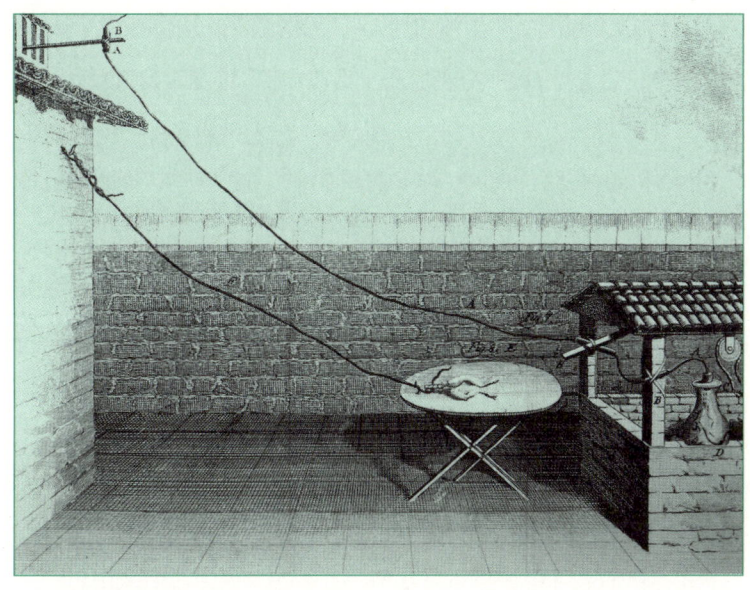

▌갈바니의 개구리 뒷다리가 발코니에서 번개를 기다리고 있다.

들었던 것은 참으로 다행이었다. 그렇지 않았다면 갈바니는 루치아
노의 재능을 몰라보았을 것이다. 그러나 이제 갈바니는 정신이 말
똥말똥해졌다.

루치아노는 문제의 핵심을 정확히 지적했다. 갈바니는 오래전부
터 이 문제로 골머리를 싸매었다. 그리하여 8년 동안 이리저리 변
화를 주면서 실험을 거듭했고 개구리 뒷다리를 발코니에 걸어두고
뇌우가 내릴 때 개구리 뒷다리에서 그런 '반동'을 발견했다. 그리
고 최근에야 비로소 주저하는 태도로 이런 실험들을 강의에서 선보
이기 시작했던 것이다.

그런데 어떻게 열네 살 먹은 소년이 자신이 가장 고민하는 문제
에서 그를 공략할 수 있단 말인가. 갈바니 교수는 갑자기 소년을 자

세히 쳐다보았다. 그의 앞에 얼마나 오랫동안 서 있었는지는 알 수 없었으나, 단출하지만 깨끗한 옷차림에 해어진 신발을 신고 있었다. 머리는 엉클어져 있었지만 눈은 총기를 발하고 있었다.

갈바니 교수는 관리인에게 나가도 좋다는 눈짓을 했다. 관리인은 그 말만을 기다리고 있었다는 듯 얼른 나갔다.

"전기를 띠는 물고기들을 통해 우리는 동물이 만들어내는 전기에 대해 잘 알고 있단다." 갈바니가 루치아노에게 말했다. "너도 그거 알고 있니?"

"물론이죠." 루치아노가 자랑스럽게 대답했다. "교수님이 전기에 관해 말씀하신 내용은 하나도 잊어버리지 않았어요."

"열쇠장이의 아들이라고 했지?"

"네. 전 철과 더불어 자랐어요."

"만들기에도 능하다고?"

"이웃 사람들에게 물어보시면 알 거예요." 갈바니가 이웃들에게 확인하지 않은 것은 천만다행이었다. 이웃들은 루치아노가 무슨 짓을 저지르고 다녔는지 말해주었을 테니까.

"아주 총명한 아이로구나. 영리하면서도 고집이 셀 것 같아. 그렇지?"

"저는 지금 알고 있는 것보다 훨씬 많은 것을 배우고 싶어요."

"당돌하면서도 지식욕이 넘치는구나. 어쩐지 이 멍청한 늙은 교수가 네게 더 이상 새로운 것을 가르쳐줄 게 없다고 생각할 것 같아. 그렇지 않니?"

"교수님 밑에서 일할 수 있다면 소원이 없겠어요." 루치아노는 속사포처럼 그렇게 대답했다.

"좋아, 그렇잖아도 내 실험을 도울 조수 한 사람이 필요한 참이었다. 하지만 네 고집은 네 자신의 발견을 위해 아껴두려무나. 알겠니? 네 아버지에게 편지를 써야겠다. 고집불통 아들을 기꺼이 내게 보내주시리라는 확신이 드는구나." 갈바니가 그렇게 말하며 싱긋 웃었다.

얼마 지나지 않아 비아 알베르토 24번지의 열쇠장이 살바토레 파스쿠알레는 루이기 갈바니 교수로부터 편지를 받았다. 갈바니 교수는 놀랍게도 아무짝에도 쓸모없는 자기 아들을 조수로 삼겠다고 제안하고 있었다. 루치아노가 또 대담한 장난질을 치고 있는 것은 아닌가? 하지만 인장은 진짜였다. 무엇보다 만면에 배어나는 아들의 자랑스런 표정이 그것이 진짜라는 걸 말해주고 있었다. 얼마 전엔 갑자기 읽기와 쓰기를 배우겠다고 나서지 않았던가. 아들이 대학을 얼씬댈 때 쓸데없는 일로 시간을 낭비하고 있다고 생각했는데……

근육에 숨은 전기

1788년 2월 1일부터 루치아노는 갈바니 교수의 실험 조수가 되었다. 이제 루치아노는 정말로 훨씬 많은 것을 배워야 했다. 우선 기전기가 고장났을 때 수리할 수 있도록 기전기의 작동 원리를 배워야 했다. 그리고 전위계(전기 측정기)가 무엇인지, 라이덴 병이 무엇인지, 전기뱀장어와 전기가오리의 전기 기관이 어디에 위치하는지를 배웠고, 생물의 신경·근육·피부의 전기에 대한 지식을 습득했다. 루치아노는 그 이상으로 많은 책을 읽었고, 갈바니 교수와 더불어 개구리 뒷다리 표본으로 전기 실험을 했다.

루치아노는 어떻게 이렇다 할 성과물도 내지 못한 채 오랜 세월 한 가지 생각을 계속하여 좇을 수 있는지 이해하지 못했다. 그러나 갈바니는 루치아노로 하여금 계속 실험을 하게 했다. 개구리 뒷다리 앞에서, 뒷다리 옆에서, 뒷다리 속에서의 전기 불꽃 방전, 동물의 다른 부분들을 도구로 한 실험들. 직접적으로 신경이나 근육에 대고, 라이덴 병으로, 혹은 라이덴 병 없이, 양전기로 혹은 음전기로, 어떤 때는 물로, 어떤 때는 다른 액체로…… 어언 2년이 흘렀고 루치아노는 잠결에도 모든 취급법과 결과들을 외울 정도가 되었다. 루치아노는 기억력이 뛰어났다.

어느 날 루치아노는 철로 된 발코니 난간에 매달아두었던 개구리들을 수거해야 했다. 그 개구리들은 전날 저녁 소나기가 내리는 동안 갈바니가 놋쇠 갈고리로 거기에 매달아두었던 것들이었다. 개구리를 수거하러 가면서 루치아노는 갑자기 자신이 전기 연구에 입문하게 되었던 계기를 떠올렸다. 여기 발코니 난간에 사용된 것과 같은 두툼한 쇠막대기를 자르려 하다가 들켰었지…… 그것이 산 피에트로 성당의 피뢰침인지도 모르고…….

루치아노는 놋쇠 갈고리를 잡고 개구리들을 떼어내려고 했다. 계속 생각에 잠겨 있던 루치아노는 갈고리를 떼어내기 전에 개구리 뒷다리가 몇 번 쇠막대기를 때리듯 반동을 하는 것을 느꼈다. 그리고 바로 그 순간 그의 학문적인 재능이 발휘되었다.

일상적인 일들을 하면서 잡념에 잠기는 것은 자연스런 일이다. 그러나 뭔가 새로운 일이 일어나면 그것을 감지하는 것이 중요하다. 그것은 쉽지 않다. 아무 것도 기대하지 않고 있기 때문이다. 개구리들을 수거해 오는 것, 그것은 늘상 하던 일이었다. 개구리들이 쇠막대기 위에서 약간 강하게 패대기쳐졌을 뿐이었다. 그리고 그것은 중요하지 않았다. 고양이 밥으로 던져질 개구리들이었으니까. 그러나 볼로냐의 화창한 하늘 아래에서 개구리 뒷다리들이 가까이에서 번개가 친 듯이 움찔한 것은 웬일일까? 이것이 범상한 일이 아님을 감지하는 것, 그것이 중요했다.

　루치아노는 갑자기 정신이 번쩍 났다. 신경이 있는 개구리 뒷다리들에 전기가 통한 것이 분명했다. 하지만 어떻게?

　루치아노는 개구리들을 계속하여 쇠막대기로 눌렀다. 개구리들은 쇠막대기에 새로이 접촉될 때마다 다시금 퍼덕였다. 쇠막대기에 계속 누르고 있으면 퍼덕임이 없었다. 떼었다가 다시 눌러야 했다. 그리고 갈고리를 손에 들고 개구리 뒷다리만 쇠막대에 누르면 움직이지 않았다. 난간 위쪽의 갈고리와 뒷다리를 난간에 누르는 것이 똑같이 중요한 것 같았다.

　루치아노는 곧 흥분했다. 개구리들의 경련이 어디에서 연유했을까? 그것은 전기임에 틀림없었다. 루치아노는 번개처럼 빠르게 갈바니 교수방으로 이어지는 층계를 내려갔다. 하지만 갈바니 교수가 지금 강의를 하고 있다는 생각이 떠올랐다. 30분을 기다려야 했다. 이런 중대한 발견 앞에서 30분은 너무 긴 시간이었다. 나중에 개구리 뒷다리들이 더 이상 뛰지 않으면 어떻게 한다? 시간이 이토록 거북이걸음을 했던 적은 결코 없었다. 드디어 관리인이 강의실 문을 열었다.

　루치아노는 갈바니의 실험 책상으로 내달았다. "교수님, 얼른 와

보세요. 놀라운 일이 일어났어요. 아무튼 놀라운 일인 것 같아요. 발코니의 개구리 뒷다리들이 뛰었어요!"

갈바니는 평소에도 루치아노의 급한 성격에 익숙했다. "다섯 번 심호흡을 해. 루치아노, '성부, 성자, 성령님'이라고 세 번 반복한 후 '이탈리아 만세'라고 한 번 외치게." 갈바니는 애국자였고 그의 조국 이탈리아를 신과 자신의 학문 다음으로 사랑했다. "자, 이제 말해보게."

루치아노는 방금 한 발견에 대해 이야기했고, 갈바니는 고개를 갸우뚱하더니 루치아노를 따라 발코니로 올라왔다. 개구리 뒷다리가 뛰는 것을 재현해 보이자 갈바니는 세차게 머리를 흔들었다.

"별것 아닌가요?" 루치아노가 실망해서 외쳤다.

"아니 아니." 갈바니가 중얼거렸다. "얼른 개구리 뒷다리들을 실험실로 가져오게."

갈바니는 문을 꼭꼭 잠갔다. 루치아노가 그와 함께 한 이래 이런 적은 처음이었다. 그것도 평소 갈바니가 절대적으로 침해받기를 싫어하는 점심시간에 말이다. "이제 아무도 방해하지 않을 걸세. 자, 쇠막대기, 철사, 유리 막대, 고무 막대, 각종 판들을 가져오게나." 갈바니는 루치아노에게 그렇게 지시했고, 둘은 실험을 시작했다.

갈바니와 루치아노는 개구리 표본의 갈고리와 발끝이 접촉되도록 쇠막대를 놓았다. 개구리가 뛰었다. 유리 막대로 시도하자 개구리는 뛰지 않았다. 구부러진 철사로 갈고리에서 발끝까지 잇자, 개구리는 뛰었다. 그리고 갈고리를 떼어내었는데도 철사가 개구리 표본의 신경 끝에서 발끝까지 놓이자 개구리는 약간 뛰었다. 개구리를 유리 판 위에 놓자, 뛰지 않았다. 하지만 유리판을 놓아둔 상태

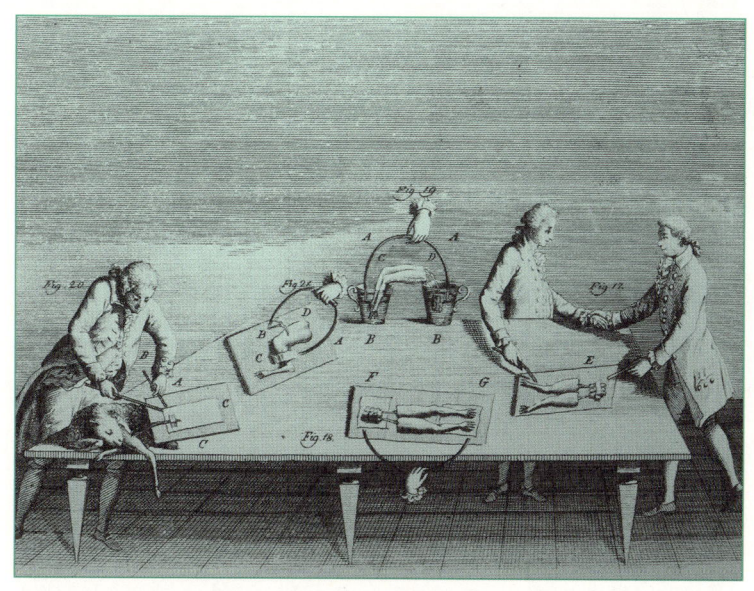

| 갈바니의 위대한 발견. 개구리 뒷다리와 신경에 철사를 이으면 개구리가 뛴다.

로 철사를 대자 개구리가 뛰었다. 철판 위에서는 갈고리가 있든 없든 신경 끝이 철판에 눌러지기만 하면 뛰었다.

    루치아노는 이제 철사와 개구리 끝을 몸으로 연결했다. 한 손은 개구리 표본의 신경을 잡고 다른 손은 철사를 잡았으며, 철사의 다른 쪽 끝은 개구리 뒷다리 끝과 연결되었다. 그러자 역시 뛰었다. 갈바니는 조수 한 명을 더 불러와 두 사람으로 실험을 반복했다. 그러자 개구리가 뛰었다. 표본으로 만들기 위해 막 죽인 새끼양도 그런 실험에서 움찔했다. 아연과 구리로 된 선을 납붙임하여 신경과 개구리 뒷다리 사이에 대었더니 특히나 강하게 움직였다.

    점심도 먹지 않고 세 시간 동안 실험을 한 후 갈바니는 드디어 일어섰다. "루치아노, 동물 전기는 정말로 존재하네. 이제 아무도 그것을 부인할 수 없어. 모든 동물은 라이덴 병과 같아. 신경과 근육 사이에 전기가 숨어 있어. 우리가 전기를 유도하여 신경 끝과 근육을 전기 회로로 연결하면, 이 전기가 라이덴 병에서처럼 방전되는 거야. 그러나 라이덴 병과는 다르게, 동물 전기는 전기물고기에서처럼 언제나 존재해. 그것을 새로 충전시킬 필요가 없다네. 방전할 때마다 근육이 뛰지. 특별히 칭찬해주고 싶네. 나도 전에 발코니 난간에서 개구리 뒷다리가 뛰는 것을 한 번 본 적이 있어. 하지만 미처 사라지지 않은 공기 중의 전기가 어떻게 개구리 뒷다리에 모여 있다가 방전된 것으로 생각했었어."

루치아노는 동물 전기에 대해 완전히 확신할 수 없었다. 그리고 기대하지 않았던 현상에 특히나 관심이 갔다. "교수님, 그런데 아연과 구리선은 어떻게 된 거죠? 그럴 때는 왜 더 심하게 뛰었을까요?"

⚛ 한눈에 읽는 과학사

동물 전기

갈바니가 한 동물 전기에 대한 생각은 결코 틀리지 않았다. 우리는 오늘날 그것을 생리적 전기라고 부른다. 이런 전기는 인간의 신체 속에서의 신호 전달에 중요한 역할을 한다. 그러나 생리적 전기가 이의 없이 증명된 것은 1842년의 일이었다. 생리적 전기는 전압이 아주 약하기 때문이다. 반면 갈바니는 1볼트에 해당하는 전압을 발견했다. 그것은 생리적 전기와는 전혀 관계가 없었다. 갈바니는 이 사실을 일생 동안 인정하지 않으려 했다. 그는 솟아오르는 모든 의심 앞에서 동물 전기를 변호하기 위해 계속하여 많은 숙련된 실험을 거듭했다. 그리고 당시에 이미 동물 전기를 실제로 관찰했을 것이다.

"나도 몰라. 아마도 그때는 전기가 더 잘 통했던 것 같아. 하지만 지금 그건 그리 중요하지 않아."

(이 이야기에서 루치아노는 실존 인물이 아니다. 이제 루치아노로 하여금 연구를 계속하게 해보자. 루치아노는 이제 볼로냐를 떠나 마일란트에서 남쪽으로 40킬로미터 떨어진 도시인 파도바로 옮겨가야 한다.)

동물 전기 vs. 금속 전기

갈바니의 위대한 발견이 공식화된 지 1년 후인 1792년, 파도바의 대학교수 알레산드로 볼타(볼트라는 단위는 그의 이름을 딴 것이다)는 갈바니의 동물 전기 이론에 화답하는 논문을 발표하였다. 루치아노는 그 논문에서 자신의 의문에 대한 정신적 자양분을 발견하였다. 볼타는 갈바니가 실험한 동물 전기는 존재할 수 없다고 주장했다. 서로 다른 두 금속이 효과를 발휘한 것이지, 동물이 그런 것이 아니라는 것이었다. 볼타는 이런 새로운 전기를 '인공 전기' 혹은 '금속 전기'라 칭했다.

루치아노는 볼타의 논문이 갈바니 교수에게 얼마나 치명타인지 알았음에도 불구하고 볼타의 생각에 깊이 끌렸다. 루치아노는 생물학이나 생리학에는 그리 매력을 느끼지 못했다. 그보다는 철과 금속과 전기에 더 관심이 많았다. 루치아노는 볼타의 생각에 대해 갈바니 교수와 몇 번 토론을 해보고자 하였으나 갈바니 교수는 무뚝뚝하게 거절했다. 갈바니 교수에게 볼타의 명제는 기를 쓰고 반박할 수밖에 없는 것이었다.

그리하여 열여덟 살이 된 루치아노는 파도바로 옮겨가기로 결심했다. 갈바니는 관대한 태도를 보였고, 심지어 추천서까지 써주었다. 언제나처럼 물불 가리지 못하는 루치아노는 볼타가 자신을 써줄까 고민조차 하지 않았다. 루치아노는 무작정 파도바로 건너갔다. 파도바에는 또 루치아노가 이제껏 보지 못한 많은 것들이 있었다. 성 오거스틴의 무덤, 미켈란젤로가 최초로 제작한 반구형 천장, 세상에서 가장 아름다운 수도원인 체르토사 디 파도바.

1793년 5월 7일 루치아노는 파도바에 도착했다. 갈바니의 추천서를 가지고 가자 심지어 이탈리아에서 가장 유명한 대학생 기숙사인 콜레기오 기슬리에리도 그를 받아들여주었다. 그리고 며칠 후 루치아노는 그로부터 300미터 떨어져 있는 커다란 대학 강의실에서 알레산드로 볼타를 처음으로 만났다. (그 강의실은 오늘날 '아울라 볼티아나Aula Voltiana'라 불린다.)

강의실은 초만원이었다. 볼타는 동물 전기를 반박하기 위한 실험들을 선보였다.

"자, 여기 소금물이 든 용기가 있습니다. 왼쪽에 구리 조각을, 오른쪽에 아연 조각을 담글게요. 그리고 이제 그 중간에 개구리 뒷다리를 놓습니다. 개구리 뒷다리가 강하게 움찔하지요. 따라서 전류가 흐른다는 것입니다.

여러분은 갈바니 교수가 주장하듯 전류가 동물의 뒷다리에서 나오는 거라고 말할 것입니다. 여기 보십시오. 나는 이제 왼쪽에 구리를, 오른쪽에도 구리를 담급니다. 끝 부분이 아주 순수하게 연마된 것들입니다. 이것들을 다시금 개구리 뒷다리와 접촉시켜볼게요.

자, 움직임이 없지요. 전류 회로가 신경 끝에서 구리 1, 소금물, 구리 2를 통과하여 근육으로 이어짐에도 불구하고 움직임이 없습니다. 그렇다면 갈바니 교수의 실험에서는 왜 개구리가 경련했을까요?

그것은 그가 개구리 뒷다리에 대었던 금속 막대 혹은 금속선들의 끝이 순수하지 않았기 때문입니다. 끝 부분들이 완전히 서로 다른 상태였고, 이런 차이들이 개구리를 움찔하게 만들었던 것입니다.

인공 전기 혹은 금속 전기가 발생하려면 서로 다른 두 금속과 소금물, 황산, 동물의 피 등 다른 종류의 도체가 필요합니다. 결정적인 것은 서로 다른 두 금속이 상호 접촉하는 것입니다. 그리고 또 하나 이런 전기는 순차적인 여러 번의 방전으로서가 아니라, 지속적인 전류로서 존재합니다. 개구리 뒷다리가 라이덴 병처럼 작용한다는 자신의 이론을 증명하려고 하다 보니 갈바니 교수는 그렇게 주장했던 것입니다.

전류가 지속적으로 흐른다는 것을 증명해주는 아주 간단한 실험이 또 하나 있습니다. 구리 조각 하나와 아연 조각 하나만 있으면 됩니다. 두 조각의 한쪽 끝은 밀착시키고 다른 쪽 끝 사이에는 나의 혀를 넣어보겠습니다. 내 혀에는 계속하여 아린 느낌이 납니다. 지속적인 전류가 두 금속의 접촉 지점으로부터 구리를 통해 나의 혀를 지나 아연으로 흐르는 것입니다. 은화와 동전을 이용해 여러분도 한번 따라 해보세요."

학생들은 주머니를 뒤졌다. 루치아노도 그랬다. 동전이 없는 사람은 친구들에게서 빌렸다. 정말이었다. 혀는 기분 좋게, 혹은 불쾌하게 아렸다. 물리학을 좋아하는가 싫어하는가에 따라 그 느낌도

달라졌다.

'볼타는 전류가 두 금속의 접촉에서 비롯된다는 것을 어떻게 알았을까?' 루치아노는 이렇게 생각하며 여기서도 누구보다 더 강의에 집중했다.

강의 후에 루치아노는 위대한 실험가인 볼타와의 면담을 요청했다. 갈바니의 추천서를 보여주자 루치아노는 금방 볼타의 방에 입장할 수 있었다.

"하필이면 나의 숙적 갈바니의 제자를 만나다니 아주 영광일세." 볼타는 루치아노가 들어가자 농담을 던졌다.

끝이 접촉된 서로 다른 두 금속 조각을 혀에 대면 전기가 통해서 혀가 근질근질거린다.

루치아노는 대답했다. "늙은 사람은 기존의 입증된 견해에만 매달리지만, 젊은이는 기꺼이 새로운 생각을 좇는 법이지요."

"자네에 비하면 난 벌써 나이를 많이 먹었네. 나도 입증된 견해에 고리타분하게 달라붙어 있는 것 같은가?"

루치아노는 신중하게 대답해야 했다. 볼타 밑에서 일하고 싶었으니까. "입증된 생각들은 아주 성공적일 수 있습니다. 전 '모든 마찰 전기는 마찰이 아니라 다만 두 부분의 접촉을 통해 생겨나는 것이다'라는 교수님의 의견을 알고 있습니다. 우리가 마찰이라고 부르는 것은 교수님의 생각에 따르면 두 면이 아주 가까이 밀착해 있는 것에 다름 아니지요."

"자네 생각은 어떤가?"

"그에 대해 교수님의 실험들을 고려한다면 매우 설득력이 있습니다. 그러나 교수님은 동물 전기, 그러니까 인공 전기가 언제나 두 부분의 접촉을 통해 생겨난다는 것을 어떻게 아셨죠? 교수님의 유리 용기 실험에서는 오른쪽에 구리가, 왼쪽에 아연이 놓였어요. 두 금속 사이에 개구리의 몸이 놓였고요. 그리하여 두 금속은 서로 접촉되지 않았어요."

"맙소사. 그 둘은 개구리 뒷다리를 통해서 접촉되어 있네. 하지만 보아하니 자네는 보기 드물게 영리한 젊은이구먼. 자네의 '동물적인 과거'를 뒤로할 생각이 있다면 내 조수로 채용하겠네." 볼타가 미소를 지으며 말했다.

바라던 제의였다. 볼타의 접촉 이론에 대해 완전히 확신이 가지는 않았지만 루치아노는 그 제의를 감사하게 받아들였다. 루치아노는 우선 볼타의 모든 실험을 익혀야 했다. 갈바니와 달리 볼타는 충동적인 사나이였다. 그리하여 뭔가가 제대로 되지 않으면 순식간에 격노했다. 그러나 마음이 매우 따뜻했으며 달변가이기도 했다.

볼타는 여성들의 '전기'에 대해서도 깊은 조예가 있었다. 루치아노는 손님 접대를 몇 번 도우면서 그것을 느꼈다. 볼타는 매력적인 남자였고, 패션과 오락에만 관심이 있는 여성들에게도 그의 어려운 물리학을 재미있게 가르칠 수 있었다. 그 여성들이 볼타의 눈에 충분히 예뻐 보인다는 전제하에서 말이다. 볼타는 조국도 사랑했지만, 삶이 우선이었다. 그리하여 자신의 학문과 자신에게 유익하다면 프랑스 군주도 섬길 수 있다고 루치아노에게 말했다.

루치아노는 당연히 볼타의 접촉 이론에 대한 중요한 실험들도 배워야 했다. 두 금속판, 가령 은과 아연을 밀착시키고 아연판을 소위 축전기 검전기에 대면 축전기 위쪽 판을 검전기에서 떼자마자 검전기의 금속박이 벌어졌다. 따라서 두 금속을 접촉시킴으로써 인공 전기 혹은 금속 전기가 형성되었던 것이다. 볼타에 따르면 흐르는 액체 도체는 전기를 순환시키기 위해서만 필요할 뿐이었다. 그러나 루치아노는 그에 대해 회의적이었다.

볼타의 기둥

루치아노는 6년간 볼타 밑에서 일했다. 두 사람은 각종 금속과 액체, 여러 물질을 도구로 실험을 했다. 그리하여 금속들을 서로에 대해 효과를 나타내는 순서대로 배열하였다. 가장 위쪽에 아연이, 가장 아래쪽에 금이 위치했다. 이는 아연과 금이 접촉하면 가장 강한 인공 전기가 유발된다는 이야기였다. 맨 윗자리는 가장 크게 음전기를 유발하는 금속이 차지했고 맨 아랫자리는 양전기를 가장 크게 유발하는 금속이 차지했다.

1796년 어느 날 루치아노는 심각하게 이렇게 물었다. "우리가 갈바니의 두 소자, 즉 첫째 소자 아연, 젖은 도체, 구리, 둘째 소자 구리, 젖은 도체, 아연을 이 순서대로 결합시키면 어떻게 될까요? 그러면 전기 효과는 다시금 영으로 돌아갈 거예요."

"아니야." 볼타가 말했다. "자네는 여전히 두 금속이 결합하여 하나의 소자를 이룬다는 것을 믿으려 하지 않는군. 우리는 따라서 다음과 같이 결합해야 하네. 첫 번째 소자 구리, 아연, 그 다음에 젖은 도체가 오고, 그러고 나서 두 번째 소자 아연, 구리, 이렇게 말이야. 여기서 두 개의 금속 원소들이 서로에 대해 작용을 하면 그들의 작용은 상쇄되지. 자네의 배열에서는 근본적으로 전류가 있을 수 없어. 구리와 구리를 서로 나란히 두었으니까. 하지만 실험을 한번 해봄세."

그들은 빠르게 금속을 결합했다. 물론 볼타의 제안에 따라서. 효과는 영이었다.

이어 볼타가 말했다. "자네의 제안을 조금 바꾸어 구리, 아연, 젖은 도체, 구리, 구리, 젖은 도체, 아연, 구리의 순서로 놓아보겠네. 어떻게 될까?"

루치아노는 '양쪽 끝의 구리판들은 불필요할 텐데' 하고 생각했다. 그러나 어쨌든 전기 효과는 영으로 나올 것이었다.

"영이요." 루치아노가 말했다. 볼타는 고개를 끄덕이고는 실험을 했다. 물론 전기 작용은 감지되지 않았다.

그 후 2년간은 이탈리아에서 프랑스 군인들이 휘젓고 다니는 바람에 연구다운 연구가 불가능했다. 파도바에는 군인들이 득시글거렸다. 그러고 나서 모든 것이 지나갔다. 파도바는 이제 프랑스의 은혜로 체살피네 공화국에 속하게 되었다. 나폴레옹이 파리에서 전권을 잡았던 1799년의 어느 날 볼타는 매우 흥분한 얼굴로 물리학 박물관에 있던 루치아노에게로 뛰어왔다. 그때 루치아노는 막 기전기를 닦은 후 그 효과를 개선하고자 하고 있었다.

"그 구닥다리는 내버려두게." 볼타가 소리쳤다. "난 엄청난 발견을 해냈어. 원래 그것을 제안한 것은 자네였지. 3년 전에 말이야."

루치아노는 흥분한 채 볼타와 더불어 연구실로 갔다. 볼타는 거기서 아연판과 구리판을 교대로 쌓아 20개의 소자들을 포개어놓았다. 아연, 구리/ 소금물을 먹인 마분지/ 아연, 구리/ 소금물을 먹인 마분지/ 아연, 구리…… 이런 식으로 되어 있었다. 마지막에는 다시 아연, 구리 쌍이 놓였다. 이것은 볼타가 갈바니의 소자라고 부르는 것이었다.

"전선 두 개로 첫 번째 판과 마지막 판을 검전기에 연결시켜보게나." 볼타가 루치아노에게 말했다. 루치아노는 천천히 그렇게 하면서, '왜 이렇게 해야 하지?' 하고 생각했다. 단순한 검전기는 그런 소자들에게서 인공 전기를 전혀 감지하지 못했었는데……. 볼타가 부르는 전압은 너무 낮았다. 그러나 루치아노는 전선을 검전기에 대기 전에 무슨 일이 있을 것인지 예감했다. 정말로 민감한 검전기가 움직였다.

"소자 40개를 취하면 전압은 20개 때의 2배가 될 거야. 60개에서는 3배가 될 거고." 볼타가 소리쳤다. "충전시킨 라이덴 병을 병렬 연결하지 않고 직렬로 연결해도 마찬가지야. 한 플라스크의 구슬을 다른 플라스크의 겉면과 연결시켜가면 말이야. 왜 진즉 알아채지 못했을까? 이제 나는 금속 전기 '배터리'를 얻게 된 거야."

"전 이것을 볼타 기둥이라고 부르겠어요." 루치아노가 소리쳤다. "계속 높아지는 기둥처럼 보이니까요."

"정말 기분 좋은 표현이구나." 볼타가 말했다. "이런 소자들을 병렬로도 연결시켜봐야겠어. 라이덴 병을 병렬 연결시키면 전류의 양만 많아질 뿐이야. 즉 불꽃의 두께만 커질 뿐, 검전기의 수치는 변함이 없지. 불꽃의 길이는 똑같은 거야. 따라서 전압은 변하지 않아. 이것은 병렬 연결한 금속 전기의 소자들에서도 마찬가지일 거야!"

"그런데 전압은 왜 기둥이 높아질수록 높아지는 걸까요?" 루치아노가 볼타의 말을 끊었다.

"한 가지 예가 떠올랐어." 볼타가 대답했다. "자네가 방금 기둥이라는 표현을 썼지. 라이덴 병 또는 금속 전기의 소자는 아버지에게 매 맞은 소년이 창문으로 튀어나오는 집과 같아. 소년들은 전류이지. 집들이 병렬 연결로 되어 있으면 각 집에서 동시에 소년 한 명씩 튀어나오고, 그로부터 전류의 양이 많아지지. 하지만 집들을 겹쳐서 지어놓고, 그러니까 고층 아파트처럼 말이야, 가장 위쪽 창문만을 열어놓아. 그러면 그 창문으로 매 맞은 아이들이 한 사람씩 차례로 튀어나오게 되지. 그러고는 깊이 추락하여 아래에서 박살이 날 거야. 충돌할 때 신체의 압력이 그렇게 큰 것이지. 그것이 바로 전압이 높은 거라 할 수 있어."

"그렇게 높은 데서 뛰어내릴 정도로 미련한 아이는 없어요. 그 예는 좀 적당하지 않은 것 같은데요."

"좋아. 그러면 지팡이라고 하는 게 낫겠군. 아버지가 아이에게 지팡이를 던졌는데 아이가 납작 엎드리는 바람에 지팡이가 창문을 통해 튀어나온 거야. 높은 집에서는 낮은 집보다 더 큰 압력으로 길에 떨어지겠지. 압력과 전압은 원칙적으로는 똑같은 거야. 그리고 이 전압이 나의 고층건물에서는, 그러니까 나의 배터리에서는……."

"교수님의 볼타 기둥에서는……." 루치아노가 반복했다.

"나의 배터리에서는 불꽃을 일으킬 만큼 높아졌던 것이지." 볼타는 방 창문의 커튼을 쳤다. 그러고는 배터리 아래쪽의 아연 끝에 고정된 것과 위쪽 구리 끝에 고정된 두 선을 서로 비볐다.

"이들은 가능하면 가까이에 있어야 해." 볼타가 설명했다. 그리고 루치아노는 선 끝을 붙였다 떼었다 할 때 때때로 작은 스파크가 튀는 것을 보았다.

"우리는 이런 금속 전기가 마찰로 얻어지는 전기와 같은 것이라는 걸 최종적으로 증명해냈네. 이것은 나의 접촉 이론에 대한 궁극적인 증거가 되어줄 걸세."

이렇게 말하며 볼타는 루치아노를 쳐다보았다. 하지만 루치아노는 아무 말도 하지 않았다. 루치아노는 쉽게 믿지 못했다. 그러기에는 갈바니와 더불어 생물학적, 화학적 실험을 너무 많이 한 터였다. 볼타는 왜 전류가 한동안 흐를 때 금속판들에 나타나는 이상한 화학적인 변화들에 관심을 갖지 않는 걸까? 볼타는 전위계의 움직임, 불꽃 등에만 관심이 있는 듯했다. 그리하여 루치아노는 껄끄러운 주제로부터 화제를 돌렸다.

"그런데 왜 교수님은 이것을 1796년에 발견하지 않으셨어요? 우리는 금속 원소의 그런 직렬 접속을 시도해보았었잖아요."

"자네가 그런 질문을 할 줄 알았네. 난 심지어 두 소자를 직렬로 놓아본 적도 있었지. 그때 전압이 2배로 뛰었겠지. 하지만 효과가 미약했기에 아무 것도 눈치 채지 못했어. 우리는 작은 수학 놀이만 했었지. 전압을 높여보고자 하지 않았어. 내게 금속 전기는 처음부터 마찰전기와 같은 물질이었지. 하지만 난 금속 전기와 마찰전기가 여전히 구분된다고 생각했어. 금속 전기의 경우 전압이 아주 낮고(오늘날 손전등 배터리에서처럼 1볼트) 지속적으로 강한 전류가 흐르며(오늘날 우리는 자동차 배터리의 경우에서처럼 암페어라는 단위를 사용한다), 반면 마찰전기의 경우는 전압이 아주 높지만(수천 볼트) 라이덴 병의 경우 아주 순간적인 방전이 이루어지고, 기전기에서는 아주 약한 전류(약 1/1000암페어)가 흐른다고 말이야.

볼타는 왜 1798~1799년경에 전압을 더 높이고자 했던 것일까? 아마도 그는 늘어가는 접촉 이론 반대자들을 설득시키고 싶었을 것이다. 접촉 이론 반대자들은 화학자, 생물학자, 낭만적인 물리학자들이었다. 그들은 부분적으로 원래의 '갈바니적인' 물질을 믿었다. 그러나 볼타의 발견은 발코니 난간에서의 갈바니의 발견과 마찬가지로 적잖이 우연이었을 것이다. 볼타는 1796년의 실험을 계속 반복하다가 어느 순간 갑자기 전압이 높아지는 걸 관찰하게 되었을 것이다. 그것은 물론 볼타가 염두에 두던 것과 맞아떨어졌다.

반면 볼타는 화학적 효과는 간파하지 못했다. 그렇게 여기서 커다란 발견이 그를 비껴갔다. 가령 배터리를 다르게 구성하여 물도 분해할 수 있다는 걸 말이다. 전기(전기분해)의 화학적 작용은 다른 학자들이 발견했다. 물에 전류를 흘려줌으로써 산소와 수소를 만들어낼 수 있었고 그로써 칼륨, 나트륨 같은 새로운 물질도 발견할 수 있었다.

볼타의 기둥

볼타는 볼타 기둥 덕분에 아주 존경을 받았다. 프랑스 전제 군주이자 유럽 최고의 권력을 자랑했던 나폴레옹도 파리에서 볼타의 실험 강연을 들었다. 볼타는 백작 작위를 수여 받았고 많은 보상을 받았다. 그가 정치적으로 능숙하게 행동했기 때문이기도 하다.

볼타의 발견(그리고 외르스테드, 패러데이의 몇몇 다른 발견)으로부터 현대의 전자공학이 발전되었다. 원칙적으로 우리는 오늘날에도 그런 '갈바니 소자'를 사용하고 있다. 볼타 기둥의 소자들을 말이다. 아연, 젖은 마분지, 구리(볼타의 양쪽 끝에 있는 판들은 오늘날 제거되었다)를 우리는 건전지라고 부른다. 손전등에 들어가는 건전지는 그런 소자로 되어 있다. 그러나 그 모든 것은 약간 더 복잡해졌기에 요즘의 배터리는 볼타가 만들었던 것보다 아주 오래간다.

- **갈바니, 루이기(1737~1799)** : 갈바니의 말에 따르면 자신은 이미 1781년 부터 결정적인 발견들을 했다고 한다. 그런데 이 모든 것을 1791년에서야 발표 한 이유는 정확히 알려져 있지 않다. 갈바니의 실험들은 오늘날 무선 전신의 선 구적인 실험으로 해석할 수 있다. 기전기의 스파크는 전기적 파장을 보낸다. 개 구리와 실험가는 여기서 2극 안테나다.

- **나폴레옹(1769~1821)** : 나폴레옹은 포병 장교로서 학문이 기술에 미치는 유익을 잘 알고 있었다(포탄이 어떻게 날아가는지, 그리고 화약이 어떻게 작용 하는지 등등). 또 그는 파리의 프랑스 과학아카데미의 회원이기도 했다. 당시 프 랑스 과학아카데미는 '국립연구소'라는 이름으로 개칭되었다. 1794년 프랑스 혁명 때 설립된 세계 최초의 공과대학 에콜 폴리테크니크의 엔지니어들과 교수 들은 나폴레옹이 전쟁에 승리하는 데 커다란 기여를 했다. 그들은 (군용 지도를 위해) 토지를 측량하고, 다리를 건설하고 광학전신을 설치했다. 광학전신은 2~3킬로미터 간격으로 탑을 세워, 계속하여 신호를 전달하는 것이었다.

- **전압** : 전압은 볼트(V)로 측정된다. 볼타는 불꽃의 두께와 기전기의 크랭크 회 전수가 전기량의 기준인 데 반해, 마찰전기에서의 검전기와 불꽃의 길이가 나타 내는 크기를 설명하기 위해 '전압'이라는 말을 도입했다. 볼타는 전압을 한 용 기에 꽉 눌려진 액체의 압력으로 상상했다.

• **전류의 세기** : 전류의 세기는 암페어(A)로 잰다. 1쿨롱(C)은 1초간 1암페어의 전류가 흘렀을 때의 전하량이다. 전류의 세기라는 개념은 구리 같은 전선의 구멍을 통과해 흐를 수 있는 전기 '유체'라는 역사적 학설에서 유래한다.

• **동물 전기** : 생리적 전기. 모든 생명 과정에서도 전기적 과정이 중요한 역할을 한다. 따라서 갈바니는 옳았다. 하지만 그런 생리적 전기는 19세기 중반에서야 비로소 이의 없이 증명되었다. 생리적 전기의 전압은 아주 미미하기 때문이다. 우리는 오늘날 심장전류, 뇌전류 등 몇 가지 것들에 대해 알고 있다. 그러나 모두 다 파악하고 있지는 못하다.

• **볼타, 알레산드로(1745~1826)** : 볼타가 어찌하여 1799년에서야 '갈바니' 원소들을 직렬접속하여 전지를 만들어내는 데 성공했는지는 알려져 있지 않다. 그리고 그는 이런 새로운 전류원에서의 화학적 효과는 도외시했고 전류의 접촉을 우선시했다. 그래서 볼타는 최초로 전류회로의 옴의 법칙을 대략적으로 정립했다. 전류의 효과는 바로 전압과 전류 통과의 '수월함'을 이런 '연결'의 모든 부분으로 나눈 산물과 같다고 말이다. 오늘날 옴의 법칙은 다음과 같이 표현된다. 전류의 세기(A)=전압(V)/저항(Ω)

5

태양에 숨겨진 비밀

구사일생으로 살아난 소년
렌즈의 세계에 발을 들여놓다
"제가 하늘나라로 가는 길을 보여드리지요"
빨강부터 보라까지, 프라운호퍼선
빛의 속도를 측정하다

chapter 5

구사일생으로 살아난 소년

1799년 요제프 프라운호퍼는 거울 제조업자 안톤 바이크셀베르거의 도제가 되어 뮌헨으로 갔다. 그의 나이 12살 때의 일이다. 거기서 그는 해가 뜨면 일어나 해 질 때까지 일을 해야 했다(여름에는 족히 14시간을 일했다). 월요일부터 토요일까지 심부름을 하면서 말이다. 마이스터(명인) 바이크셀베르거는 그에게 '일요일학교'에 가는 것조차 금지했다. 도제들을 위해 일요일에만 운영하는 학교가 있었다. 심지어 장인이 되려면 의무적으로 일요일학교에 다녀야 했다. 1797년 이전에는 일요일학교조차 없어, 읽기와 쓰기와 계산은 부모로부터 배울 수밖에 없었다. 물론 부모가 글을 알고 있다는 전제에서 말이다. 아니면 돈과 시간을 들여 학교에 가야 했다. 그러나 당시에는 대가족의 빠듯한 살림에 보태고자 아이들도 일손을 거드는 경우가 많았다. 그리하여 요제프도 여섯 살 때부터 유리 마이스터인 아버지를 거들었다.

아마도 바이크셀베르거는 몸이 약한 요제프가 일요일에 푹 쉬지 못하면 월요일부터 일하는 데 지장이 있을까 봐 일요일학교에 보내지 않았던 듯하다. 바이크셀베르거는 심지어 방에서 촛불도 켜지 못하게 했다. 그리하여 요제프는 독학조차 불가능했다. 그의 방에는 창문이 없었고, 자유 시간은 해가 진 후에나 시작되었으니.

요제프는 남매 중 열한 번째로 힘든 유년 시절을 보냈다. 남매 중 다섯만 살아남았다. 당시 유아 사망률은 오늘날과는 비교할 수 없을 정도로 높았다. 요제프는 몸이 약하긴 했지만 운이 좋아 살아남았다. 뿐만 아니라 인생에서 여러 번의 행운이 찾아들었다. 행운, 재능, 강인한 의지. 이 삼박자가 맞지 않았더라면 우리는 오늘날 프라운호퍼라는 사람을 알지 못했을 것이다.

요제프가 열한 살이 되었을 때 어머니가 돌아가셨다. 1년 후에는 아버지도 돌아가셨다. 후견인들은 요제프를 선반공 마이스터에게 도제로 보내려고 했다. 하지만 선반공 일을 배우기에 요제프는 몸이 너무 약했다. 그리하여 요제프는 귀족들이 사용할 거울과 유리 장신구를 생산하는 마이스터 바이크셀베르거의 도제로 들어갔다.

당시는 불안한 시대였다. 프랑스 혁명 이후 10년 동안 유럽 전체가 전쟁에 휘말렸다. 바이에른은 오스트리아 황제와 나폴레옹 사이에 끼어 있었고 나폴레옹은 1804년에 황제로 즉위했다. 오스트리아인들은 1800년 12월 3일 뮌헨 근처에서 나폴레옹에게 참패를 당했고, 많은 사람들이 전사했다. 그러자 바이에른은 강자 쪽을 택하여 프랑스와 동맹을 맺었다. 이런 결정으로 바이에른은 1813년까지 피비린내 나는 전투와 많은 희생을 치러야 했다. 그러나 그 보상으로 바이에른은 1806년 왕국으로 승격되었다. 다른 지역의 희생으로 영토가 확장되었고, 학문과 기술이 장려되었다. 결국 프랑스 혁명은 더 현대적인 국가를 정립하고 시민의 권력을 확보하기 위한 투쟁이었다.

1801년 7월 21일, 요제프가 바이크셀베르거의 도제가 된 지 2년 정도 되었을 때 뮌헨에서 커다란 사고가 일어났다. 이 사고는 요제프에게는 인생을 바꾸어놓는 행운으로 작용했다. 프라우엔 교회 근처 티레크게센에서 집 두 채가 붕괴되었는데, 그 중 한 채가 유리 마이스터 바이크셀베르거의 집이었다. 개조 공사가 한창 진행되던 중, 벽에 오래전부터 나 있던 균열들이 점점 더 벌어졌던 것이다. 그리하여 갑자기 가옥의 뼈대가 삐걱거리기 시작하더니 요란한 소리를 내며 집이 무너져 내렸다. 위험을 감지한 사람들은 두려움에 떨며 집을 뛰쳐나갔다. 그러나 마이스터의 부인과 요제프는 때를 놓쳤고, 들보와 돌들은 굉음을 내며 순식간에 쏟아져 내렸다. 지붕과 벽들이 허물어졌고, 밖에 있는 사람들은 경악해서 도와달라고 소리쳤다. 그 불행의 소식은 순식간에 뮌헨 전역으로 퍼져 나갔다.

"두 사람이 매몰되었대. 다른 사람들은 기적같이 빠져나왔고."

"두 사람은 아직 살아 있대?"

"몰라."

"지붕 아래에서 두드리는 소리가 났다고 경찰이 그러던걸."

대규모 구조 작업이 시작되었다. 준설기도 크레인도, 다른 현대적인 장비도 없는 시대. 두드리는 소리가 점점 더 가까이 들릴 때까지 맨손과 삽으로 파편 더미들을 헤쳐 나갈 수밖에 없었다.

그리고 그곳에 요제프 프라운호퍼가 박혀 있었다. 그는 거의 다

요제프 프라운호퍼가 선제후의 지휘로 구조되는 장면. 선제후에 대한 존경심을 공공연히 드러내는 가운데 아주 감동적으로 그린 그림이다.

친 데 없이 무사했다. 지붕이 무너지면서 방구석에 요제프가 숨어 있을 만한 공간이 생겼던 것이었다. 그리하여 요제프는 구조될 수 있었다. 사람들은 파편들과 각목들을 조심스럽게 치우고 요제프를 꺼내주었다. 그러나 유감스럽게도 바이크셀베르거 부인은 깔려서 세상을 떠나고 말았다.

그것은 감동적인 구조 작업이었다. 신문도, 방송도, 텔레비전도 없었음에도 온 뮌헨이 애간장을 태웠다. 선제후 막스 요제프가 친히 현장에 찾아와 구조 작업을 격려했다. 그러고는 구조대원들을 대대적으로 포상했고, 구조된 요제프를 님펜부르크 궁으로 초대했다. 선제후는 요제프 프라운호퍼와 대화를 나누었다. 그는 요제프가 무너져 내린 파편 더미에 깔려 얼마나 두려웠는지, 무슨 생각이 들었는지 듣고 싶어했다. 그러고는 요제프에게 8카롤린을 하사했다. 유리 숙련공의 3개월치 급료에 해당하는 돈이었다. 이에 그치지 않고 앞으로도 요제프를 도와주겠다고 약속했다.

렌즈의 세계에 발을 들여놓다

요제프가 파편 더미에서 구조되는 것을 목격했던 사람 중 궁정고문관 요제프 폰 우츠슈나이더도 있었다. 그는 선제후의 신임이 두터운 인물로, 오버바이에른의 습지를 개발하는 일을 주관했고, 베르히테스가덴 대사와 재정부 고위 관리를 지낸 바 있었다. 그리고 이제 뮌헨에 '하이테크놀로지'를 도입한다는 명목으로 공장 몇 개를 설립하려는 참이었다. 요제프 폰 우츠슈나이더 역시 가난한 집에서 태어났지만 유복한 삼촌의 도움으로 학업을 계속할 수 있었다. 그는 수학자이자 물리학자인 동시에 국가학과 경제학을 공부했고 공을 인정받아 귀족 작위를 받았다.

요제프 프라운호퍼가 구조된 후 몇 번 그를 찾아왔던 우츠슈나이더는 점점 더 요제프에게 관심을 가지게 되었다.

"유리 도제 일이 재미있나, 요제프?"

"그럼요. 고문관님, 다만 좀더 공부를 할 수 있으면 좋겠어요. 거울을 만드는 일은 유용한 직업이지만, 안경 렌즈도 유용하잖아요. 안경 렌즈를 만드는 일은 어렵지만 더 재미있어요."

"망원경 렌즈는 더 어렵지."

"그 일에 대해 잘 아세요?"

"조금밖에 몰라. 마리아니 학교 교사로 있을 때 간혹 광학에 대한 책을 접했었지. 광학에 대한 책들이 많이 있거든."

"제게 몇 권 빌려주실 수 있어요? 아니면 어떤 책인지만이라도 알려주세요."

다음 번 요제프를 찾은 우츠슈나이더는 일요일에도 유리 절단기 앞에 앉아 있는 요제프를 보고 놀랐다. 유리컵에 글씨를 새길 수도 있고 장식을 새겨 넣을 수도 있으며 다른 기능도 있는 기계였다.

"마이스터 양반이 일요일에도 일을 시키시던?"

"아니에요." 요제프가 자랑스럽게 말했다. "이 기계는 제 돈으로 산 거예요. 선제후께서 하사하신 돈을 하나도 쓰지 않고 모았거든요. 일부는 이 기계를 사는 데 썼고, 일부는 연마기와 고문관님이 알려주신 책들을 사는 데 쓰려고요."

우츠슈나이더는 요제프 프라운호퍼에게 이미 책 몇 권을 빌려주었었고 이제 그것이 틀린 선택이 아니었음을 확신하게 되었다.

요제프는 흥미로운 표정으로 수학 교과서를 넘기며 말했다. "광학 기술을 배우려면 수학에 대해 많이 알아야 한다고 들었어요."

"그렇단다. 하지만 수학을 독학으로 공부하는 건 어려울걸."

"해보려고요. 책을 볼 시간이 좀더 있다면……. 그리고 광학에 대해 알려줄 선생님이 있다면 더 좋을 것 같아요."

"좋은 광학기사에게 널 소개하여 연마 기술을 좀 가르쳐주도록 해야겠구나. 렌즈 제작 마이스터 니글을 아주 잘 알거든. 수도원 천문대 렌즈도 그 사람이 연마했지. 너를 추천해주마. 그를 한번 찾아가보거라."

요제프는 기꺼이 그렇게 했고 틈나는 대로 니글을 찾아가 렌즈 연마 기술을 배웠다. 커브가 고른, 좋은 렌즈를 얻으려면 유리 주물을 이용하여 손으로 정성을 다해 세심하게 연마를 해야 했다. 당시에는 자동 연마 기계가 없었다. 그런데 빛은 둥그스름한 유리를 통과할 때 어떻게 되는가? 왜 모든 것이 유리를 통해서 보면 크거나 작게 되는가? 이런 질문에 대답하기 위해 요제프는 다시금 책들이 필요했다.

마이스터 바이크셀베르거가 시종일관 방에서 독서하는 것을 금했으므로 요제프는 휴일에 칼스토어 앞에 있는 들판으로 도피했다. 그리고 그곳에서 광선, 반사, 색의 굴절, 렌즈의 특성, 기하학에 관한 책을 읽었다. 오랜만에 요제프를 방문한 우츠슈나이더는 날로 늘어가는 요제프의 지식에 대해 놀랐다. 요제프는 무엇보다 질문을 쏟아냈다. 쉽지 않은 질문들이었다.

"유리 렌즈로 떨어지는 빛이 굴절할 뿐 아니라 여러 색깔로 분산된다는 걸 읽었어요. 그래서 간단한 망원경에서는 별들이 불분명하고 알록달록하게 보인다고요. 그런데 얼마 전부터 이런 현상을 방지할 수 있다는군요. 어떻게 그럴 수 있는 거죠?"

"그러려면 서로 다른 두 종류 유리로 렌즈를 만들어야 하지. 크라운 유리와 프린트 유리로 말이야. 그것으로 두 가지 렌즈를 만드는 거야. 하나는 볼록렌즈고……."

"그러니까 집광렌즈로군요."

"그렇지. 그리고 하나는 오목렌즈……."

"축소시키는 렌즈 말이죠."

"응! 크라운 유리로 만든 볼록렌즈가 분산시킨 색을 프린트 유리

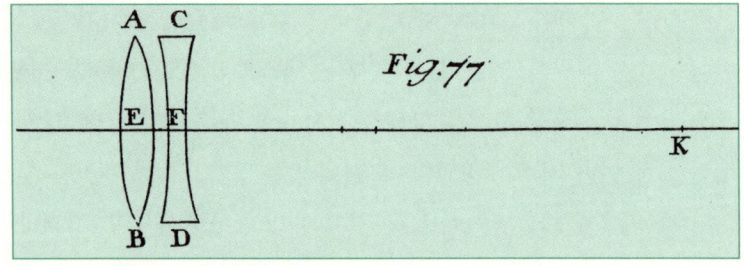

두 렌즈로 된 '색지움' 대물렌즈의 초기 묘사 중 하나. 프라운호퍼형은 약간 변형된 것이다.

로 된 오목렌즈가 다시 되돌리는 것이지."

"하지만 그러면 빛의 굴절도 무산되잖아요. 그러면 망원경에는 별들의 상이 존재할 수 없어요. 빛의 굴절이 필수적이잖아요!"

"좋은 생각이구나. 두 개의 렌즈를 같은 유리로 만들면 네 말대로 되겠지. 하지만 프린트 유리에는 납이 함유되어 있단다. 납은 빛을 더 강하게 굴절시키지. 그리하여 빛의 분산—최소한 두 가지 색깔을 위해서는—은 무마시키고, 약하긴 하지만 굴절은 남게 되는 것이란다."

"서로 다른 유리에서의 빛의 분산은 그러니까 굴절과는 다르게 변하는군요."

"그렇단다. 아이작 뉴턴은 그걸 몰랐지. 그는 결국 반사망원경만이 성능 좋은 망원경이 될 수 있다고 믿었어. 거울은 굴절도 빛의 분산도 없고, 빛의 되돌아감, 즉 반사만이 있을 뿐이니까."

"반사망원경도 흥미롭겠군요."

우츠슈나이더는 웃었다. "요제프, 모든 걸 동시에 배울 수는 없단다. 반사망원경은 다른 단점들을 가지고 있어. 그리고 렌즈가 더 중요하지. 렌즈는 안경 렌즈로부터 작은 망원경에 이르기까지 여러

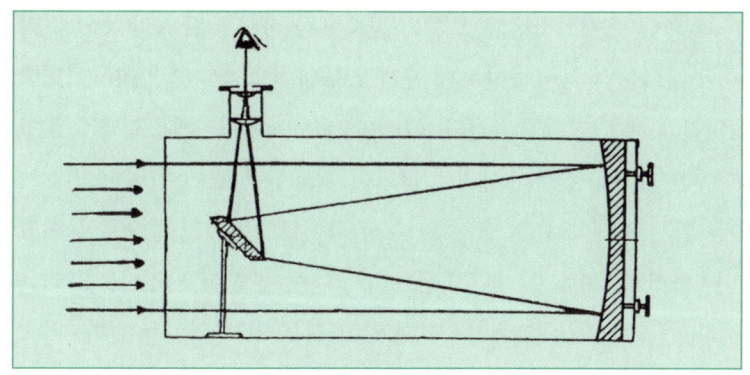

반사망원경의 원리. 1750년 이후 망원경에 오목거울을 장착했다. 오늘날 대형 망원경은 모두 반사망원경이다.

모로 유용하니까. 가령 거리, 들판, 도시의 정확한 지도를 작성하기 위한 토지 측량은 새 시대에 아주 중요한 과업이지. 그러려면 우리가 경위의라고 부르는 작은 망원경들로 교회 탑, 산봉우리 등 다양한 곳들을 조준하고, 측량각을 종이에 정확히 기입해야 하지. 넌 정말 지적 욕구가 넘치는구나. 혼자서 아주 많은 것들을 배웠어. 이제 네게 필요한 것은 일반교양일 것 같아. 과학과 기술만이 아니라…… 너 일요일학교에 다니니?"

"아니요. 마이스터께서 허락하지 않고 계세요."

"아 그래, 수공업 명인들은 아주 근시안적이지. 그런 근시안은 안경으로 교정할 수도 없어. 내가 한번 네 마이스터와 이야기해보지."

우츠슈나이더의 말은 단박에 효과를 발휘했다. 그리하여 요제프는 곧장 학교에 다닐 수 있게 되었다. 학교에 간 요제프는 두각을 나타내지는 못했고 오히려 평균에 가까웠다.

1804년 요제프 프라운호퍼는 선제후가 하사한 나머지 돈으로 마이스터로부터 독립하여 자유롭게 공부하기로 했다. 생활비는 명함을 인쇄하여 벌 생각이었다. 그러나 명함 사업은 뜻대로 되지 않았다. 전쟁으로 불안한 시대에 명함이 필요한 사람이 얼마나 되겠는가. 반년 후에 그는 뜻을 접고 다시 바이크셀베르거 밑으로 들어갔다. 그리고 1806년 5월, 요제프는 드디어 장인이 되었다. "프라운호퍼는 숙련된 기술자이며 절제 있고 절도 있는 생활을 한다."라고 바이크셀베르거는 확인해주었다.

방년 열아홉 살로 대학은커녕 학교도 제대로 다녀보지 못했지만 요제프는 곧이어 대학교수로부터 철저한 테스트를 받아야 했다. 그 시험도 우츠슈나이더가 주선한 것이었다. 우츠슈나이더는 정밀기계업자 게오르크 폰 라이헨바흐와 시계 제조가이자 도구 제작자인 요제프 리페르트와 더불어 뮌헨에서 '광학 기계 연구소'를 설립한 참이었다. 특별히 토지 측량을 위한 망원경을 제작할 목적이었다.

그 대학교수는 천문학자이자, 기업 세 곳에 소속된 광학 전문가였다. 따라서 그는 자신의 지식을 바탕으로 요제프에게 철저한 질문 공세를 폈으나 요제프는 기죽지 않았다. 우츠슈나이더가 오며 가며 건넨 요제프에 관한 칭찬도 작용했으리라. 그리하여 요제프는 광학 공장의 신참 유리 연마사로 채용되었고, 그 공장은 베네딕트 보이에른 수도원 건물에 입주하게 되었다. 광학 작업장은 오늘날 부분적으로 복원되어 있다.

"제가 하늘나라로 가는 길을 보여드리지요"

1807년에 이미 프라운호퍼는 반사망원경에 대한 논문을 썼다. 반사경의 기울기 등을 계산해야 했으므로 논문에는 수학적인 내용이 많이 들어가 있었다.

우츠슈나이더의 반응은 시큰둥했다. "유리 렌즈가 거울보다 더 중요하다고 여러 번 말하지 않았는가."

"그러나 모든 위대한 천문학자들은 최근에 반사망원경을 제작했어요. 가장 유명하고 가장 큰 것은 최근 천왕성을 발견한 윌리엄 허셜의 것이에요."

우츠슈나이더는 이렇게 타일렀다. "자네는 여전히 별을 잡고 싶어하는군. 그러나 우리는 실업가로서 땅에 발을 딛고 있어야 한다네. 자네 영국 교회의 우두머리인 캔터베리 주교를 허셜의 망원경 앞으로 인도했던 영국 국왕의 이야기를 알고 있나?"

요제프는 고개를 저었다.

"왕은 주교에게 이렇게 말했어. '어서 오세요 주교님. 제가 하늘나라로 가는 길을 보여드리지요.' 자네에게도 그런 길이 아주 매력적으로 다가온다는 거 알아. 하지만 자네가 할 일은 다른 거야. 우리에게 커다란 문제들이 있어. 우리 렌즈들은 아직 갈 길이 멀다구. 난 스위스의 유리용해업자 귀난트 씨에게 만족하지 못한다네. 라이헨바흐의 아이디어와 니글의 숙련된 솜씨에도 불구하고 우리의 렌즈는 아직 연마 상태와 다듬어진 상태가 썩 좋지 못해. 자네, 전력을 렌즈에 쏟아 붓겠다고 내게 약속하게."

"그렇게 하겠습니다. 하지만 천체 망원경은 아주 유명해요. 천체 망원경을 만들면 회사도 유명세를 탈 수 있을 것입니다. 그러면 측량 도구를 파는 데도 도움이 될 텐데요."

"렌즈를 활용하는 망원경이라면 나도 적극적으로 찬성하네. 라이헨바흐도 마찬가지일 거고." 그것이 우츠슈나이더의 마지막 말이었다.

프라운호퍼는 광학 공장에서 그 공을 인정받기 시작했다. 그리하여 22세에 이미 회사의 지분을 소유하게 되었다. 그는 베네딕트보이에른의 기술·조직·사업 책임자가 되었다. 반사망원경을 제조하는 것은 여의치 못했다. 하지만 추후에 이루어진 그의 위대한 발견을 생각하면 얼마나 다행인지 모른다. 프라운호퍼는 반사망원경 대신 유리 제조의 화학적, 기술적 문제들에 몰두해야 했던 것이다.

유리는 규사, 알칼리 소금(탄산칼륨), 석회를 섞어 용해시켜 얻었다. 프린트 유리에는 여기에 산화납이 추가되었다. 이런 물질들은 순수하게 거른 다음, 계속 저어주며 잘 섞어서 가열해 아주 세심하게 식혀야 했다. 이 과정은 종종 몇 주일씩 걸렸다. 유리를 넣어 온도를 아주 서서히 낮추는 별도의 가마가 있었다.

식히는 과정이 너무 빠르면 거품이 일고, 슐리렌(굴절률이 고르지 않은 부분)이 생겨 광선이 서로 다르게 굴절되었다. 이런 유리를 창유리 같은 것으로 쓰는 데는 별 지장이 없었으나 망원경용 렌즈에는 치명적이었다. 그리하여 200에서 300킬로그램에 달하는 완성된 유리 덩어리에서 렌즈로 연마할 수 있는 것은 약 10퍼센트에 불과했다. 그래서 아주 커다란 유리 렌즈를 만드는 것은 불가능한 일이었다. 여기서도 프라운호퍼는 회사에 크게 기여했다. 그는 재료에서 불순물을 제거하는 과정, 젓는 과정, 가열하고 식히는 과정을 개선했고, 그로써 슐리렌이나 다른 흠이 없는 양질의 유리를 3배나 더 얻을 수 있었다. 숙련된 영국인들조차 그런 수준에 도달하지 못했었다.

하지만 프라운호퍼가 개선하지 못한 것은 용해할 때의 작업 환경이었다. 당시는 아무도 작업 환경을 염두에 두지 않았다. 납 연기, 열기, 매연 등이 환기가 잘 되지 않는 공간에 여과 없이 영향을 미쳤다. 그리하여 대부분 젊은이들인 일꾼들과 프라운호퍼의 건강을 해쳤다.

1812년에 이미 프라운호퍼는 나폴리로 18센티미터 구경의 대물 렌즈가 장착된 천체 망원경을 납품했다. 기존 것보다 2배는 더 큰 것이었다. 오늘날 세계에서 가장 유명한 망원경은 5미터 구경의 반사망원경으로 캘리포니아 팔로마 산에 있다. 하지만 유리 렌즈로는 그렇게 큰 천체 망원경을 만들 수 없다. 유리는 훨씬 무거워 안정성이 떨어지기 때문이다. 하지만 프라운호퍼는 한 걸음 더 나아갔다. 그가 도르파트(오늘날 UdSSR)의 유명한 망원경에 설치한 최대의 망원경 렌즈는 구경이 24.5센티미터이다. 프라운호퍼의 망원경들은 50년간이나 세계 제일의 자리를 지켰다.

이에 대해 프라운호퍼는 나폴레옹에게 감사해야 했다. 나폴레옹은 1806년에 영국에 대한 압박을 강화하면서 대륙 봉쇄령을 내렸다. 상품을 실은 어떤 배도 통과할 수 없었고 어떤 평화적인 경쟁도 허락되지 않았다. 이 때문에 영국은 경제적으로 어려움을 겪어야 했다. 1806년에서 1813년 사이에 유럽 대륙 사람들은 전에 영국인들이 공급해주었던 모든 것을 모방해야 했다. 그리하여 광학/역학 연구소 역시 우월했던 영국과 경쟁하지 않는 가운데 장족의 발전을 할 수 있었다. 프라운호퍼 덕분에 몇 년 걸리지 않아 그렇게 되었던 것이다.

　프라운호퍼는 유명한 광학 기구 제작자가 되었다. 그렇지 않았다면 그는 아마도 오늘날 그를 불멸의 존재로 만든 위대한 학문적 발견을 할 수 없었을 것이다.

한눈에 읽는 과학사

프라운호퍼와 뉴턴의 원무늬

프라운호퍼는 렌즈를 연마하는 작업에서 좋은 방법들을 여럿 고안했다. 또 렌즈의 질을 점검하는 아주 간단한 방법도 발견했다. 유리판들을 서로 포개었을 때 유리판의 굴곡이 아주 작은 부분에서라도 차이가 나면 알록달록한 링을 볼 수 있다. 그것을 뉴턴의 원무늬라고 부른다. 프라운호퍼는 좋은 비교 렌즈만 있으면 이 방법을 이용해 유리 렌즈들을 검사할 수 있었다. 렌즈 두 개를 포개면 렌즈들이 맞닿는 중간 지점에서 대칭적인, 색색깔의 동심원들이 생겨났다. 두 렌즈의 커브가 정확히 일치하지 않아 생기는 현상이었다. 그런데 새로운 렌즈가 잘못 연마되어서 곡률의 차이가 일정하지 않은 경우는 이런 동심원들의 모양도 불규칙했다. 그리하여 렌즈를 더 다듬어주어야 했다. 1만분의 2~3의 오차도 이런 방법으로 잡아낼 수가 있었다. 당시에 이것은 전대미문의 탁월한 방법이었다.
뉴턴의 원무늬를 설명할 수 있는 빛의 파동 이론은 당시 아직 초보 수준이었다. 따라서 프라운호퍼는 여기에도 중요한 기여를 했다.

빨강부터 보라까지, 프라운호퍼선

어느 날 베네딕트보이에른에서 프라운호퍼는 우츠슈나이더에게 이렇게 말했다. "아시다시피, 우리는 두루두루 새로 시작해야 합니다. 첫 번째 문제는 유리를 용해하는 것이고, 두 번째 문제는 연마하고 다듬는 것입니다. 렌즈 특성의 측정법도 개선되어야 합니다. 그리고 광학은 기구를 움직이는 데 필요한 역학만큼만 나아갈 수 있습니다."

"렌즈의 특성을 측정하는 데는 빛의 굴절과 빛의 분산만을 고려하면 되지 않습니까? 그것이 그렇게 어렵나요?" 우츠슈나이더가 물었다. 우츠슈나이더가 프라운호퍼에게 경칭을 사용하기 시작한 지도 꽤 오랜 시간이 지났다.

"제가 그 문제를 보여드리지요." 프라운호퍼는 우츠슈나이더를 유리 프리즘 앞에 전등 여섯 개가 달린 도구로 안내했다. 모든 것은 창의 덧문에 나 있는 좁은 틈 앞에 배열되어 있었다.

"우리는 유리 렌즈나 이런 프리즘을 통과할 때 파란빛이 붉은빛보다 더 심하게 굴절한다는 것을 알고 있습니다. 그러나 어떻게 그 정도(굴절력 혹은 굴절률)를 측정할 수 있을까요? 파란색 혹은 붉은색은 넓은 색의 띠니까요. 파란색의 중간, 아니면 왼쪽 가장자리, 혹은 오른쪽 가장자리를 재어야 할까요? 하지만 무지개에서도 그렇듯 색깔들은 경계가 명확하지 않아요. 따라서 정확한 중간점도 없지요. 빨강색, 파랑색의 굴절력 차이가 빛의 분산을 야기하는데, 이 굴절력을 정확히 잴 수가 없는 것이지요."

우츠슈나이더는 고개를 끄덕였다. "이해가 가요. 그런데 이런 전등이 달린 기구로 무엇을 하려는 거죠?"

"각 전등 빛을 이런 유리 프리즘으로 통과시켜 여기 창가의 좁은 틈으로 보내게 돼요. 따라서 유리 프리즘을 통과한 각 전등의 빛들은 무지개 스펙트럼으로 확장되어 밤길을 200미터 전진하게 되죠. 밤은 칠흑같이 어두워야 해요. 그렇지 않으면 이런 약한 빛이 보이지가 않으니까요. 그리고 저기 저 멀리 창문에 또 하나의 프리즘이 있어요. 빛의 칸 여섯 개 각각으로부터 아주 얇은 일부분만이, 따라서 각각의 다양한 색깔들이 프리즘에 도착하게 되지요. 이런 다양한 색의 부분들은 더 이상 분산될 수 없어요. 그것들은 두 번째 프리즘을 통해서 약간 더 넓어질 뿐이죠. 여기, 보세요. 제가 두 번째 프리즘 뒤에서 망원경으로 관찰한 결과들을 그려놓았어요. 서로 다른 빛의 점 여섯 개가 있어요. O=빨강, J=보라까지. 그것들이 이제 나의 측정 표지예요."

"훌륭하군요. 하지만 왠지 만족하지 못한 듯이 보이는데요."

"맞아요. 빛의 점들이 여전히 너무 두꺼워요. 그리고 전등 빛은 너무 약해서 칠흑같이 어두운 밤에만 실험을 할 수 있어요. 일단 태양광선은 어떤지 한번 보려고요."

아마도 프라운호퍼는 그에 대해 친구들과도 다음과 같이 토론했을 것이다.

"정말 이럴 리가 없는데…… 전등 빛에서 밝은 노랑색 선이 있는 곳에 태양광선의 스펙트럼에는 검은 선 두 개가 나란히 있어. 나는 그것을 D선들이라 부르고 있지."

"잘못 본 거 아니야? 창문 틈을 좀 넓히면 어떻게 되지?"

"선들이 사라져."

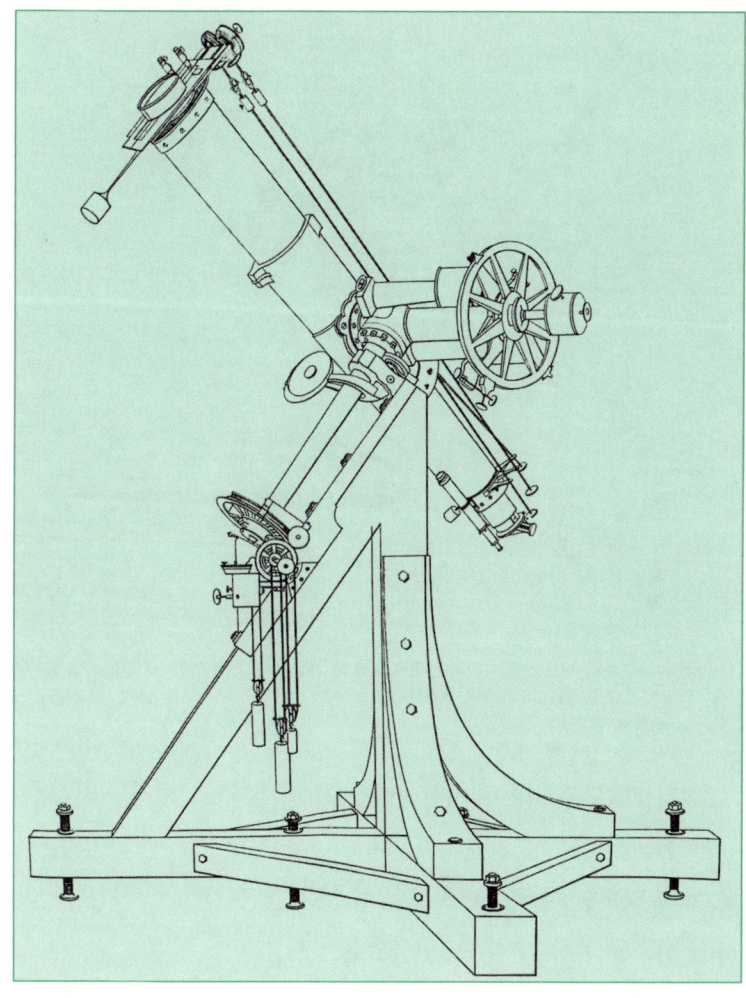

프라운호퍼의 유명한 망원경 중 하나. 천문학자 베셀은 1838년 이 망원경을 이용하여 처음으로 항성의 거리를 측정했다.

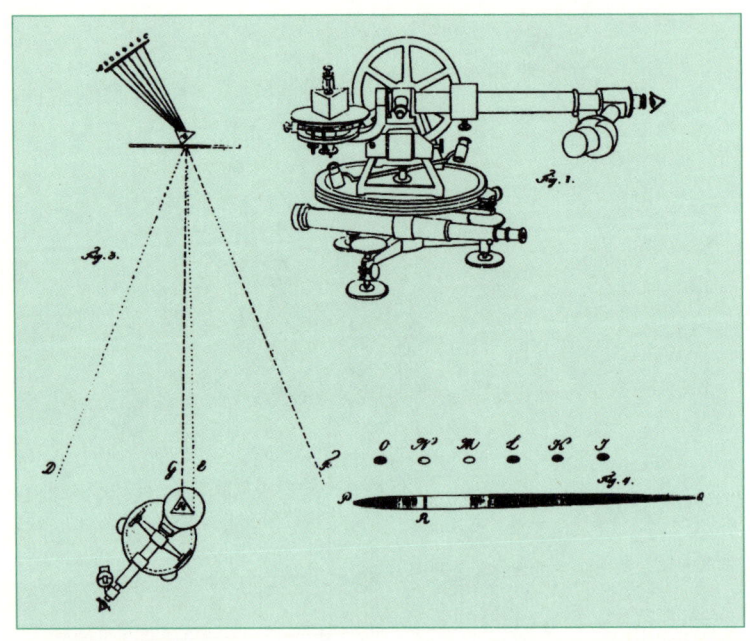

프라운호퍼는 자신이 만든 전등 기구(위 왼쪽)로 빛의 점 J(보라)에서 O(빨강)까지를 얻었다. 그것은 아직 수고로운, 그리고 막연한 시도였다. 200~300미터 뒤에 적은 빛만이 그의 두 번째 프리즘(아래 왼쪽, 위 오른쪽)에 도착했다.

"그것 봐, 모든 것이 착시현상이라고."

그러나 선들이 사라지는 현상은 간단하게 설명할 수 있었다. 창문 틈이 넓으면 여러 부분에서 빛이 얇은 검은 선들의 자리로 들어와서 선들을 점점 희미하게 만들었다.

"그 선들은 기계적인 문제에서 비롯되거나, 창문 틈의 가장자리를 통해 생겨난 것일지도 몰라. 이것이 정말로 태양광선의 선들인지 어떻게 알아?"

"종교재판에 걸려 화형을 당하지 않도록 조심하라구." 다른 친구가 농담을 던졌다. "태양에 흑점이 있는 것만으로도 부족해 이제는 검은 선까지? 태양은 저렇게 밝고 빛나고 고상한데 말이야. 예나 지금이나 영원히!"

"창틈은 좀더 조사해봐야 해. 그러나 기계가 선을 만들지는 않아." 프라운호퍼가 말했다. "똑같은 기계로 내가 가진 램프 여섯 개의 광선을 보았을 때는 검은 선이 없었다구. 하지만 다시 확인해보아야겠지. 태양광선이 강하다 보니 기계에 우리가 모르는 영향을 끼치는지도 몰라." 따라서 프라운호퍼는 신중에 신중을 기했다.

"천체에서 나오는 광선은 인공적인 조명과는 아주 다를지도 몰라."

"그렇겠지! 태양광선에서 언제나 같은 선들이 존재한다면 그것은 중요한 지표가 될 거야. 그러면 최고의 측정 표지를 확보한 셈이지. 그것으로 유리 렌즈의 미세한 굴절의 차이도 금방 알 수 있어. 다양한 유리 렌즈들에서 노란 부분에 위치한 두 개의 D선이 정확히 같은 자리에 나타날 때에야 그것들의 굴절 비율이 똑같다고 말할 수 있어."

그러나 프라운호퍼는 이 정도로 만족하지 않았다. 그는 호기심이 많을 뿐 아니라 조심스러웠다. 그는 계속해서 가능한 모든 광원들을 연구했고 분광기의 도움으로 빛의 다발들의 결합을 연구했다. 그는 전기 불꽃에 나타나는 밝게 빛나는 선들을 발견했고, 보통 촛불에서는 노란 선이 태양의 암선에 정확히 상응하는 두 개의 선으로 나뉜다는 것을 보여주었다. 그것은 기이하고 설명할 수 없는 현상이었다. 프라운호퍼는 금성의 빛도 연구했다. 금성은 아주 밝게 빛났다. 그러나 전등 빛에 비하면 비교가 되지 않을 정도로 약했다. 그는 금성의 빛에서도 태양에서와 똑같은 선들을 발견했고, 더 약한 빛을 발하는 항성에 대해서까지 실험을 확대했다. 시리우스는 우리 태양계 밖에서 보이는 가장 밝은 항성이었다. 프라운호퍼는 무엇을 보았을까?

그는 몇몇 암선들을 보았다. 선이라기보다 띠라고 할 수 있는 줄무늬들. 색이 아주 명확히 분산되기에는 빛이 너무 약했다. 하지만 거기에는 태양빛과 본질적인 차이가 있었다! 이런 띠들이 태양의 암선들과는 아주 다른 자리에 있었고, 다른 항성들의 경우에도 암선들이 아주 다르게 배열되어 있는 것으로 나타났다.

그리하여 프라운호퍼는 1817년 '자연연구가'가 이런 현상을 자세히 연구해보아야 할 것이라고 썼다. 유감스럽게도 자신은 그런 별들을 둘러보기에는 시간이 없다면서……. 망원경과 다른 광학 도구들을 제작하고, 그것을 위해 유리를 개선시키는 것, 그것이 그의 주업이라고 썼다.

프라운호퍼는 하루에 16시간씩 일을 했던 듯하다. 바이크셀베르거 밑에서 일할 때와 별반 달라지지 않았다고? 그러나 이제는 자원해서 그렇게 하고 있었고, 기구를 제작하기 위해 대담한 발견들을 좇는 것을 자원해서 포기했다.

빛의 속도를 측정하다

새로 발견된 태양의 암선들에 대한 설명이 시도되기까지는 그로부터 40년이 넘게 흘러야 했다. 태양의 흑점 역시 발견된 지 300년 후에도 명확히 설명되지 않았다. 보통 태양의 표면보다 온도가 더 낮은 부분이 점으로 보이는 것은 확실한 것 같았다. 하지만 왜 이런 현상이 나타나는 것일까? 그것은 20세기에 들어서야 부분적으로 해명되었다. 그 해명은 프라운호퍼선으로부터 아주 새로운 학문이 태동되었기에 가능했다. 별들의 스펙트럼 분석을 다루는 우주물리학이 그것이었다. 이런 선들의 도움으로 곧 먼 별들에 대한 물리학

프라운호퍼선

프라운호퍼가 언제 이런 실험을 태양광선으로 실행했는지는 알 수 없다. 아마도 한참 후였을 것이다. 그의 전등 기구만 해도 당시의 모든 방법들보다 더 나았으니 말이다. 프라운호퍼는 또한 기름이나 수지, 혹은 나무 숯이 탈 때 보았던 밝은 노랑색 줄무늬만을 찾았을 것이다. 그런 줄무늬는 색스펙트럼의 붉은 띠와 노란 띠 사이에서 두드러졌다. 초록색에서도 아주 약하긴 했지만 그런 줄무늬가 있었다. 프라운호퍼는 태양광선에서도 비슷한 줄무늬를, 다만 더 밝은 줄무늬들을 찾고자 했을 것이다. 그것은 굴절 측정을 위한 좋은 비교 기준이 될 것이었다. 따라서 언젠가 프라운호퍼는 태양광선을 창문의 좁은 틈으로 통과시켜 유리 프리즘으로 향하게 하는 실험을 했을 것이다. 그 뒤에는 태양광선의 각각의 색 또는 색띠의 굴절을 정확히 측정하기 위한 관찰 망원경이 있었다. 프라운호퍼는 그동안 아무도 가져본 일이 없는 슐리렌이 없는 한층 개선된 유리 프리즘으로 실험을 했을 것이다. 그리고 어느 순간 매력적인 현상을 보았을 것이다. 기대했던 밝은 노란색 줄무늬가 아니라, 얇고 검은 선들이, 게다가 각 색깔의 굴절을 측정하는 데 충분한 5~6개만이 아니라, 600개 이상 등장하는 것이었다. 프라운호퍼는 처음에 성능이 그다지 좋지 않고, 굴절률이 약한 프리즘으로 그런 선들을 몇 개 보고 눈을 의심했을지도 모른다. 하지만 유리 공장 일로 바빴기 때문에 관찰 사이에는 몇 달씩 공백이 있었을 것이다.

과 화학 연구가 이루어질 수 있었다. 직접 별들에 가보거나 실험실에서 별들을 가지고 실험을 할 수 없어도 말이다. 프라운호퍼가 작고한 지 40년 후 하늘은 우주 실험실이 되었다.

화학자 분젠과 물리학자 키르히호프는 1859년 프라운호퍼선들이 일종의 태양의 모스 부호라는 것을 증명했다. 선들은 태양의 대기에 어떤 물질들이 존재하는가를 알려준다. 가령 프라운호퍼가 D선이라 불렀던 두 선은 나트륨에 해당한다. 모닥불과 촛불의 밝은 노란색 선들은 태양의 D선들과 같은 위치에 있다. 여기에도 역시 나트륨이 존재하기 때문이다.

그런데 왜 태양에는 암선들만 존재하는 것일까? 태양으로부터 나오는 작열하는 밝은 빛은 태양의 채층에서 나트륨 원자에 의해 부분적으로 흡수된다. 채층은 우리 눈에 보이는 태양 표면보다 덜 뜨겁다. 일식 때 작열하는 태양 원반이 가려질 때에만 이 채층을 볼 수 있다. 채층의 나트륨 원자들은 빛으로부터 정확히 얇은 색의 선들만 흡수한다. 그러나 지구에서 이 선들은 밝게 빛난다(이것을 학문 용어로는 '방출'이라고 한다). 태양 채층의 다른 물질들은 정확히 빛의 다른 부분들을 집어삼킨다. 그리하여 우리는 프라운호퍼선으로부터 태양 대기에 어떤 원소들이 있는지 알 수 있다. 그것들을 지구에서의 밝은 선들(방출선들)과 비교해보기만 하면 된다.

1868년에는 태양 스펙트럼에서 지구에서는 존재하지 않는 프라운호퍼선이 발견되었다. 태양 채층에 있는 이 미지의 물질은 헬륨이라는 이름을 얻었다(헬륨은 태양 물질이라는 뜻이다). 그러나 30년쯤 후에 지구에서도 헬륨이 발견되었다. 이는 프라운호퍼선으로 태양에서 먼저 발견된 것이다.

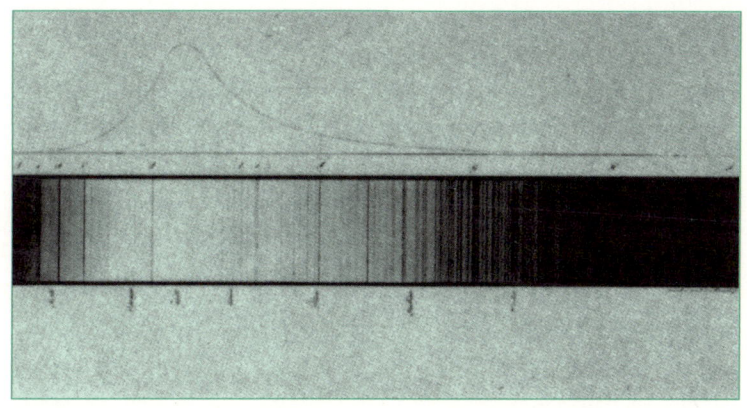

1880년부터 사람들은 더 나은 망원경과 분광기로 수십억 개의 항성들을 연구했다. 가령 많은 암선들은 이상하게 우리 태양의 암선들과 비교할 때 원래 자리에서 밀리고 일그러졌다. 또한 어떤 선들은 더 넓고, 어떤 선들은 더 좁았다. 20세기 초 선들이 넓거나 좁은 것이 물질의 온도 및 양과 관계 있다는 것이 규명되었다. 프라운호퍼의 발견을 통해 우주 깊은 곳의 온도까지 측정할 수 있었던 것이다.

그 후 별의 스펙트럼선이 모두 동일한 정도로 밀릴 수 있다는 것, 즉 붉은색 쪽으로 밀릴 수 있다는 것을 알아냈다. 이 별들이 빠른 속도로, 1초에 약 3천 킬로미터의 속도로 우리에게서 멀어져 갈 때 그런 현상이 나타난다는 것을 말이다.

그것은 1850년도 안 되어 음파에서 이미 확인된 효과였다. 자동차가 우리 가까이 다가올 때는 엔진의 음이 더 높아지고, 우리로부터 멀어져 갈 때는 음이 낮아진다는 것 말이다. 낮은 음은 파장이 더 길다. 빛의 파도에서도 마찬가지이다. 우리에게서 멀어져 가는 파장은 더 긴, 붉은색 방향으로 밀린다. 1929년 미국 천문학자 에드워드 허블은 먼 은하들에서 프라운호퍼선들의 이런 '적색 편이'를 발견했다. 멀리 있는 은하들은 우리 은하처럼 수십억 개의 별들로 이루어져 있다. 그것들은 모두 우리에게서 멀어져 가고 있다. 멀리 있는 은하일수록 더 빠른 속도로 말이다. 따라서 프라운호퍼선으로 속도도 잴 수 있었다. 물론 프라운호퍼는 그 모든 것을 알지 못했다. 1838년 그의 망원경으로 낯선 항성(백조 자리)까지의 거리가 최초로 관측되는 것을 보기는 했지만 말이다. 이 별은 지구에서 10.5광년 거리에 있다. 이는 100조 킬로미터 곧, 지구와 태양 간의 거리의 70만 배에 달한다.

프라운호퍼는 39세라는 젊은 나이에 세상을 떠났다. 유명해졌고 교수가 되었고 명예박사 학위와 귀족 작위까지 받았지만 진이 다 빠졌던 것이다. 유리 공장의 열악한 작업 환경이 폐결핵으로 이어졌던 것 같다. 19세기에 폐결핵은 가장 무서운 질병 중 하나였다.

프라운호퍼선들은 현대 우주물리학을 여는 데 기여했다. 불꽃에서 볼 수 있는 빛나는 기체들은 빛나는 선들(방출선)을 보여준다. 프라운호퍼의 검은 흡수선들에 대한 자매선들이다. 가장 가벼운 원소인 수소 같은 간단한 기체의 선들은 아주 간단하게 배열되어 있다.

그로부터 1900년 수소 원자의 내부에서 무슨 일이 일어나는지가 유추되었다. 전기적 물질의 기본 입자인 전자는 모든 원자에 존재한다는 것. 그것은 확실했다. 전자는 원자핵을 둘러싸고 다양한 '궤도' 위에서 돌 수 있고, 한 궤도에서 다음 궤도로 뜀뛰기를 할 때 특정한 빛의 색깔이 '에너지'선으로 방출되었다. 수소 방출선들은 원자 속 전자의 상태에 대해 정확한 정보를 주었다. 프라운호퍼 선들은 화학에서도 정확한 측정 방법으로 드러났다. 미량의 물질도 방출선들을 만들기에 충분하다. 따라서 프라운호퍼선으로 미량의 불순물도 증명할 수 있었다. 이 방법은 1859년 이후 제철소의 커다란 용광로에서 끓는 쇳물을 단계적으로 점검하고자 하는 철 산업에 유용하게 응용되었다.

• 색지움 대물렌즈 : 빛의 분산을 억제하는, 망원경이나 카메라의 대물렌즈. 두 종류의 유리로 된 렌즈 두 개로 구성되며 프라운호퍼 시대에는 스펙트럼의 두 가지 색깔의 분산 억제에만 성공했다. 오늘날 카메라 대물렌즈는 렌즈가 10 개 이상이다.

• 회절 : 광선(또는 다른 선들)이 모서리나 각 진 부분에서 원래의 진행 방향으로 부터 벗어나는 현상

• 굴절 : 광선(또는 다른 선들)이 물질을 통과하는 길에서 원래의 진행 방향에서 벗어나는 현상

• 분젠, 로베르트(1811~1899) & 키르히호프, 구스타프 로베르트 (1824~1887) : 스펙트럼에 나타나는 암선과 밝은 선들을 설명한 학자들. 로베르트 분젠은 화학자이고, 키르히호프는 물리학자였다. 지구상의 거의 모든 물질에서 D선이 등장하는 것은 설명하기가 특히 힘들었다. 소금에서 미량의 불순물은 거의 언제나 존재한다. 나아가 이런 선들이 태양 스펙트럼에서는 암선(흡수선)으로 나타나고, 지구상의 광스펙트럼에서는 밝은 선(방출선)으로 나타나는 이유가 규명되어야 했다. 처음에는 흡수선과 방출선이 모두 같은 물질(나트륨)에 의해 야기된다는 것이 확실하지가 않았다. 분젠과 키르히호프의 협동 연구는 아주 새로운 연구 분야의 발전에서 언제나 필수적이다.

- **분산** : 빛의 분산. 빛(또한 라디오파, 열복사, 초음파 같은 역학적 선)은 물질을 통과할 때 파장에 따라 분산될 수 있다. 파장이 짧은 빛이 파장이 긴 빛보다 원래의 길에서 더 강하게 굴절하기 때문이다.

- **프라운호퍼, 요제프**(1787~1826) : 프라운호퍼가 태양 스펙트럼에서 암선을 발견한 것은 굴절과 분광의 정확한 측정 표지를 확보하고 렌즈의 질을 높이려는 고집스런 노력 덕택이었다. 프라운호퍼 이전에 영국인 W. H. 울러스턴이 몇몇 선들을 관찰했다. 하지만 그의 렌즈는 그리 좋지 못했고, 그가 원했던 것은 아주 다른 것이었다. 그는 여러 단순한 기본 색깔과 더불어 색 이론을 발전시키고자 했다. 그리하여 울러스턴은 관찰한 몇몇 선들을 자신이 찾던 기본 색깔 사이의 경계선으로 오해했다.

- **간섭** : 다양한 파동들이 겹치는 것. 거기서 보강 또는 상쇄가 일어날 수 있다. 하얀 빛에서는 가령 특정한 색깔들이 상쇄되어 보색(혼합색으로서)만이 남는다.

- **대륙 봉쇄** : 나폴레옹은 1806년부터 대영제국과의 모든 무역을 금했다. 해상 교통이 엄밀히 통제되었다. 당시 대영제국은 산업을 선도하는 나라였으므로 대륙 봉쇄 조치로 유럽 대륙에는 많은 중요한 물자의 공급이 두절되었다. 하지만 덕분에 각국은 비로소 (광학 기구 제조 등) 자국의 산업을 발달시킬 수 있었다.

- **토지 측량** : 군용이나 민간용으로 정확한 지도를 제작하기 위한 목적으로 하는 측량. 정확한 측량 망원경(경위의)이 있어야 방향을 정확히 잡고 토지의 면적을 정할 수 있었다(당시 이런 작업은 토지세를 부과하기 위해 중요했다).

- **반사망원경** : 렌즈 대신 오목거울이 상을 맺히게 한다. 오목거울은 집광렌즈처럼 가령 태양빛을 집광점으로 모은다. 이때 빛의 분산은 일어나지 않는다. 빛은 렌즈 망원경에서처럼 물질을 통과한 것이 아니라, 표면에서 반사된 것이기 때문이다. 그러나 반사망원경에서는 수차가 발생한다.

6

움직이는 해골들

뢴트겐을 조사하라!

X선이 발견되기까지

우연을 필연으로 바꾼 과학자

몸속을 훤히 들여다보다

파도처럼 출렁이는 빛

생물학 혁명을 이끌다

chapter 6

뢴트겐을 조사하라!

"야, 미하엘. 거기 서봐. 할 이야기가 있어." 바스티안이 미하엘을 불러 세웠다.

"뭔데? 설마 라틴어 숙제가 더 있다는 건 아니겠지?"

"비슷한 거야. 바이러스한테 불려 갔었는데 스터디데이가 있을 예정이래." 바이러스(Virus)는 빌헬름 콘라트 피루스 선생님의 별명이었다.

"또 이상한 생각을 해냈군!"

"맞아. 우리는 뢴트겐에 대해 조사해야 해."

"그게 뭔데? 아니 그게 누군데?"

"다리 부러졌을 때를 생각해봐."

"생각하기 싫어. 그러니까 기브스 같은 거하고 관계 있는 거야?"

"맙소사. 네 머릿속에 뭐가 들었는지 한번 찍어보지 못하는 게

안됐구나."

"아하, 찍어본다고? X선을 발명한 사람이잖아."

"나도 그렇게 말씀드렸어. 너보다는 훨씬 빨리 대답했지. 그랬더니 바이러스 선생님이 나를 쏘아보며 '넌 누가 발명했니?' 하더라고."

"오케이, 그러니까 뢴트겐은 X선을 발명한 게 아니라 발견한 거란 말이지. 뭔가 숙제 냄새가 나는데. 모르겠어. 알고 싶지 않아."

"바이러스 앞에서 그렇게 말해보시지? 하지만 바이러스가 그 X선 같은 눈으로 나를 쳐다보자, 내 머릿속에서 수학과 물리학 점수들이 요동치기 시작했어."

"겁쟁이 자식. 그래서 그 자리에서 아주 열심히 준비해보겠다고 말했겠지."

"아무튼 스터디데이에 뭐라도 해야 돼. 바이러스가 아니면, 독일어나 생물, 또는 라틴어 과제가 주어질지도 몰라."

"지긋지긋한 라틴어!"

"그리고 난 뢴트겐이란 테마가 그래도 괜찮다고 생각했어. 사람 이름이니까. 복잡한 실험을 해야 하는 것도 아니고, 수학이 동원되어야 하는 것도 아니야. 의학과 관련되긴 하지만 우리가 수학에 젬병이라도 좋은 점수를 맞을 수 있을 거야."

"사람을 설득하는 데는 고단수군. 그러나 독일어와 생물이 가만히 있겠어? 그 선생들도 과제를 내주려고 할 게 틀림없어!"

"우리가 선수를 치면 돼."

"어떻게 선수를 쳐?"

"X선은 물리학이야……."

"유감스럽게도!"

"…… 그러나 의학이기도 해, 그렇지?"

"물론 그렇지."

"따라서 생물학이기도 해."

"오호라, 물리학과 생물학을 동시에 해결할 수 있겠군. 하지만 도도가 동의해줄까?" 도도는 생물학 교사 볼프강 도더러의 별명이 었다.

"물론이지. 오케이할걸. 자, 여쭤보러 가자!"

도더러 선생님은 바스티안의 생각에 대찬성이었다. 그리고 그들에게 X선에 대해 많은 이야기를 해주었다. 그에 대해 뢴트겐은 아무 것도 몰랐다고. 그리고 오늘날에는 X선 없이도 많은 발전들이 이루어졌다고. 가령 초음파는 엄마 배 속의 태아를 관찰할 수 있게 해주고, 자기공명영상법은 두뇌를 연구할 수 있게 해준다고……. 도도 선생님은 또한 빌헬름 콘라트 뢴트겐은 1901년 그보다 6년 전 X선을 발견한 공적으로 최초로 노벨상을 수상했다고 말해주었다.

"생물학 선생님 설명이 어째 물리학 냄새가 강한데. 아무튼 뢴트겐만 조사하면 된다니 다행이다." 다시금 단둘이 있게 되자 미하엘과 바스티안은 안도의 한숨을 쉬었다. 미하엘과 바스티안이 마야에게 둘의 계획을 이야기하자 마야는 새로운 아이디어를 내놓았다. "이걸 연극으로 꾸며보면 어떨까? 마이어 선생님은 우리더러 늘 연극을 한번 해보라고 했거든. 그러면 우리는 한 큐에 세 마리의 파리를 잡게 되는 거야." 마이어는 독일어 선생님이었다. 일은 점점 더 재미있어졌다. 이제 셋은 바이러스 선생님에게 양해를 구할 것도 없이 곧장 책들을 찾기 시작했다. 학교 도서관과 시립 도서관에 들러 두꺼운 책 두 권을 빌렸다. 바이러스 선생님께는 지식으로 무장을 한 후에 동의를 구하기로 했다. 도도와 마이어는 분명히 찬성할 것 같았다. 그러면 만사 오케이였다.

그러나 사흘 후 바이러스 선생님이 바스티안에게 책을 네 권(그중에는 뢴트겐의 논문도 들어 있었다) 더 안겨주었을 때 바이러스 선생님이 동의할까 걱정할 필요가 없다는 게 드러났다. 바이러스는 책들을 안겨주며 '물리학적 내용에서 크게 벗어나지 않는다면, 어떤 형식으로 발표하든 상관없다'라고 했던 것이다.

두 명이 더 동참했다. 하지만 바스티안, 미하엘, 마야 셋이서 일을 계속 주도해 나갔다. 열흘 동안 셋이 책을 두 권씩 독파한 후, 첫 토론 모임이 열렸다.

마야가 말했다. "자, 모두 자신이 읽은 내용들을 이야기해보렴. 그 내용을 다른 사람들이 읽을 필요가 없도록 말이야."

바스티안이 먼저 이야기를 시작했다. "뢴트겐은 1845년에 태어났어요. 아버지는 직물상이었고."

"직물? 무슨 직물?" 미하엘이 물었다.

"모르겠어. 암튼 그렇게 되어 있어. 세 살 때 소년은 가족과 함께 네덜란드로 이사를 했답니다. 아펠도른으로요."

"아펠코른(사과씨)을 생각하면 기억하기가 쉽겠군."

"뢴트겐은 아펠도른과 우트레히트에서 모범 학생이었어요."

"와우, 그랬을 테지!"

"그러고 나서는 학교에서 제명당했답니다."

"설마, 그럴 리가!"

"사실이야. 그렇게 써 있는 걸. 학교에서 바보 같은 장난을 쳤다는데, 뭔가 천재적인 것이 었겠지. '선생들은 바보'라고 칠판에 써놓았다고 학교에서 쫓겨났을 것 같지는 않은데."

"그때는 아주 엄격한 관습이 지배했으니까."

"그리고 바이러스가 우리에게 지금 그런 관습을 시범 보이고 있지."

"자, 그만!" 마야가 외쳤다.

뢴트겐은 1901년에 최초로 노벨 물리학상을 받았다. 뢴트겐은 아주 겸손한 사람이었다. 그가 발견한 방사선을 독일에서만 '뢴트겐선'이라 부르고, 대부분은 뢴트겐 스스로 명명한 대로 X선이라 부른다.

"X선이 발견되기까지 아직 30년이나 더 가야 해."

"오케이 오케이. 학교를 끝마치지는 못했어도 뢴트겐은 대학에 들어갈 수 있었어. 취리히에 아비투어(김나지움을 졸업하면서 치르는 대학 입학 자격시험)를 치르지 않아도 입학 시험만 보면 들어갈 수 있는 공대가 막 새로 생겼었거든."

"오." 미하엘이 신음 소리를 내었다.

"그 공대는 뢴트겐을 입학시켜주었어. 뢴트겐의 수학 점수가 아주 탁월했기 때문이지……."

"바라건대, 수학이라는 단어는 더 이상 나오지 않기를……." 미하엘이 중얼거렸다.

"…… 뢴트겐이 우트레히트 대학에서 1년간 청강을 했기 때문이기도 했지. 3년 후인 1868년 뢴트겐은 머리를 싸매고 증기기관을 연구했고, 기계 제작 엔지니어가 되었어. 이어 박사 학위 논문을 대학에 제출했지. 증기 대신 기체에 대해 논문을 썼어. 너희들에게 그 차이를 설명해주어야 할까?"

그러나 마야의 표정을 살핀 바스티안은 얼른 이렇게 말했다. "그럴 필요가 없을 것 같구나. 그 후 뢴트겐은 어떤 물리학 교수를 알게 되었고 그에게 깊은 영향을 받은 나머지 물리학자의 길을 선택했지. 그리고 이 교수와 함께 뷔르츠부르크로 갔어. 그러나 그곳에서 그는 안타깝게도 하빌리타치온(Habilitation)을 취득할 수 없었어." 바스티안은 당시 뢴트겐의 마음을 되살리듯 인상을 찌푸렸다.

"됐어." 마야가 말했다. "연기는 나중에 하도록 하자. 하빌리타치온이 무엇이고, 그것을 왜 취득하지 못했는지 말해주겠니?"

"내 감정 연기가 너무 생생했나 보군. 하빌리타치온은 독일의 교수 자격 취득 시험이야, 박사 학위를 받은 후 다시 한 번 어려운 논문과 시험에 합격해야 교수 자격이 부여되는 거지. 뷔르츠부르크에서 하빌리타치온을 취득할 수 없었던 건 뢴트겐이 정식 아비투어를 보지 않았기 때문이야. 그래서 뢴트겐은 그의 교수와 함께 슈트라스부르크로 갔고, 그곳에서 교수 자격을 취득했지. 그리고 1년 후에 교수가 되었어. 1888년에는 원래는 자신을 받아주지 않았던 뷔르츠부르크 대학으로 왔지. 뢴트겐은 맥스웰의 전기 이론에 대해 실험을 했어. 하인리히 헤르츠는 1886년부터 전자기파를 발견해나갔지. 뢴트겐은 또한 액체에 무지막지한 압력을 가했고 그럴 때 무엇이 변하는지를 연구했지. 그리고 나서 결정(Crystal)으로 옮겨갔어. 결정에 압력을 가하고, 빛을 통과시키고, 전기를 흐르게 했지. 가령 수정과 다이아몬드를 가지고 말이야······."

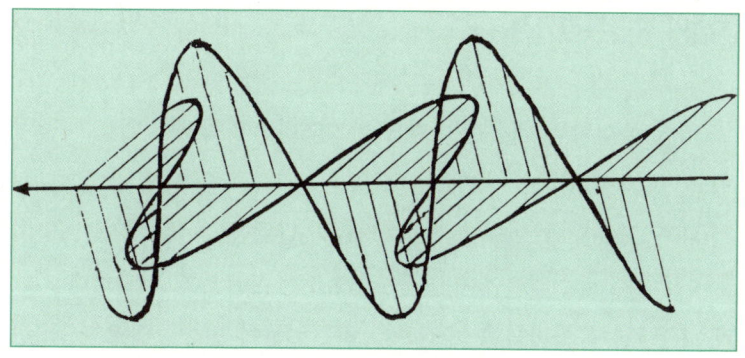

"…… 수정과 다이아몬드라…… 쯧쯧 다른 신사들처럼 그런 보석을 부인에게 선물하지 않고서는……." 미하엘이 중얼거렸다.

"어?" 마야가 외쳤다. "바스티안이 빠뜨린 게 있다. 뢴트겐에게 가족은 없었어?"

"그 이야기를 하지 않았군. 뢴트겐은 1872년에 결혼을 했어. 아내의 이름은 베르타였지. 취리히 시절에 알게 되었는데, 예나 출신의 정치 망명자의 딸이었어. 당시에도 정치 망명자가 있었다니까. 그리고 뢴트겐에게 자녀는 없었어. 자, 이제 다시 물리학으로 돌아가자. 1895년, 그는 뷔르츠부르크에서 위대한 발견을 했어. 하지만 그 이야기를 하려면 배경 지식이 좀 있어야 해. 그것은 미하엘이 설명해줄 거야."

X선이 발견되기까지

"망할 물리학적 내용을 나한테 맡기다니." 미하엘이 입을 삐죽거렸다.

"내가 도와줄게, 미하엘." 바스티안이 말했다.

미하엘은 바스티안에게 눈을 흘기고는 이야기를 시작했다. "그래. 1855년에 사람들은 유리관을 펌프질하여 진공상태로 만들 수 있는 방법을 알아냈어. 최소한 전보다 100배는 더 진공으로 말이야."

"전보다?" 마야가 물었다.

"그 이전에는 일종의 자전거 공기펌프를 거꾸로 한 펌프가 있었어. 그런 펌프는 유리관의 기압을 기껏해야 보통 공기압의 300분의 1 수준으로 낮출 수 있었지."

"그 정도만 해도 훌륭한걸."

"그러나 충분치는 않았어. 사람들은 새로운 펌프를 고안해냈지. 수은을 이용한 펌프였어. 그리고 유리관의 왼쪽과 오른쪽에 철사를 녹여서 용접했지."

"전구처럼?" 바스티안이 물었다.

"아니, 그보다는 네온사인과 비슷해. 네온사인은 오늘날에도 똑같은 원칙으로 작동해. 거기 왼쪽과 오른쪽이 220볼트에 접촉되어 있지. 그로써 빛을 발하게끔 말이야. 그와 같은 것이 1855년부터 만들어졌어."

"그때도 소켓이 있었어?"

"소켓은 나중에야 사용되기 시작했어. 대부분은 '룸코르프'라 불리는 일종의 고압변압기가 사용되었지. 오늘날에도 모든 네온관에는 작은 고압변압기가 장착되어 있단다……."

"놀라운데, 미하엘!" 바스티안이 소리쳤다. "교수님이 강의하는 것 같아."

"이런 룸코르프 관에 전기가 공급되었어. 왼쪽에는 양극, 오른쪽에는 음극이 있었어. 몇천 볼트. 그리고 이미 놀랍게 빛을 발했어. 아주 화려했고, 때로는 알록달록한 링들이 왔다 갔다 했지."

"뢴트겐 선은 어디에 있어?" 바스티안이 물었다.

"서둘지 마. 우선은 다른 광선들이 발견되었어. 공기를 빼내면 빼낼수록 빛이 점점 적어졌어. 그리고 물리학자들에게 늘 그러했듯이 아름다운 것이 거의 남지 않았을 때 아주 멋진 것이 발견되었어. 별로 아름다운 것은 아니었지만 말이야. 음극으로부터 전체 유리관을 통과하여 얇은 '빛의 흐름', 혹은 '희미한 빛'이 가로지르는 것이었어. 이런 전자선은 '음극선'이라 불리게 되었지. 이것은 음극으로부터 곧장 수직으로 뛰쳐나왔어. 그러나 자석으로 유도가 가능했지. 그리고 그것들이 맞은편 유리벽을 때리면 그곳 유리가 빛을 발했어. 그것을 형광이라 불렀지."

"흠, 바이러스가 강의한 텔레비전 원칙과 오실로그래프 실험이 생각난다. 미니 브라운관이 달린 측정 도구 이름이 오실로그래프 아니었어?" 마야가 말했다.

"맞아." 미하엘이 말했다. "음극선은 너희들 집에 있는 텔레비전을 가능케 하는 선이야. 브라운관도 형광을 발산하지. 음극선은 전자로 이루어져. 이것은 뢴트겐의 발견과 거의 동시에 규명되었지. 자, 너희들 알아둬. 유리는 이런 음극선을 통해 빛을 발하게 되는

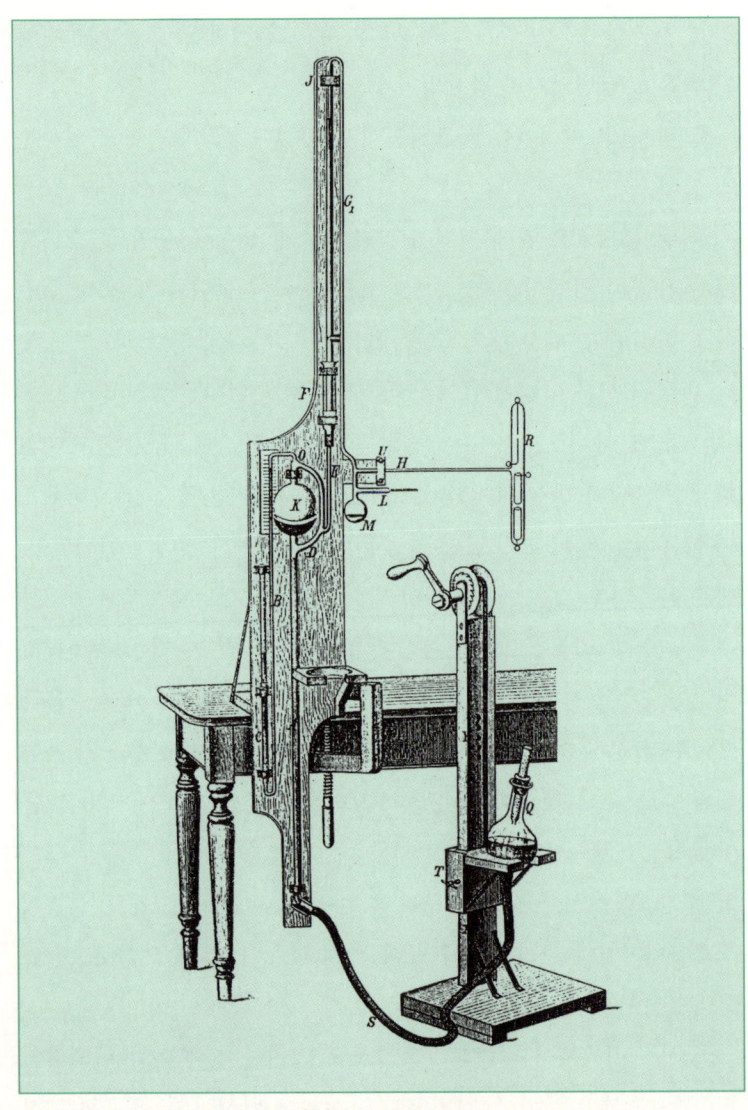

그림과 같은 펌프가 고안되지 않았다면 음극선과 X선을 발견할 수 있을 만큼 유리관을 충분히 진공상
태로 만들 수 없었을 것이다. 그것은 당시 아주 어려운 작업이었다. 몇 시간 동안 수은이 담긴 용기를
위아래로 회전시켜야 했다. 그러면 수은주가 세련된 관 시스템 안에서 올라갔다 내려갔다 하면서 유리
관에서 공기를 빼냈다.

거야. 그리고 빛나는 부분으로부터 X선이 나와. 당시 그런 빛나는 유리관을 만들었던 이들 모두가 이미 X선을 만들어낸 것이었어. 하지만 아무도 그것을 깨닫지 못했지. 눈에 보이지 않으니까 말이야."

"그러니까 텔레비전에서 X선이 나온다는 거야?" 마야가 물었다.

"아니야. 텔레비전은 전압이 아주 약해. 잠깐, 또 한 가지 발견을 빼먹었다. 이 발견은 X선 발견의 직접적인 동기가 되었어. 그래서 뢴트겐은 출발선상에 서게 되었던 거지. 1892년 필립 레너드라는 사람이 유리관의 중간 부분에 얇은 창문을 내었거든. 그 창문을 통해 음극선이 빛났지. 창문은 알루미늄 호일로 만들어졌어." 미하엘은 메모장에서 수치를 확인했다. "약 100분의 2밀리미터 두께의…… 또는 그보다 얇은 알루미늄 호일로 말이야."

"창문이라기보다는 막이라 할 수 있겠군." 리하르트가 말했다. "그 막이 바깥의 공기압에 견딜 수 있었어?"

"알루미늄 호일을 붙인 구멍은 2밀리미터도 안 되었거든. 그리고 그것을 통해 레너드가 바랐던 일이 일어났어. 관으로부터 광선이 빠져나와 공기 속으로 5센티미터 정도 나아가 공기 중에서 푸르스름한 빛을 발했지. 음극선과 만난 다른 물질들도 형광을 발했어. 공기보다 훨씬 밝게 말이야. 방해석, 우라늄 유리, 그리고 레너드의 형광판도…… 레너드의 형광판은 용해된 펜타데실파라톨릴케톤을 입힌 박엽지였어."

"뭐를 용해시켰다고?" 바스티안이 물었다.

"펜타데실파라톨릴케톤. 처음 들어보지?"

"무슨 감기약 이름 같다." 리하르트가 중간에 끼어들었다.

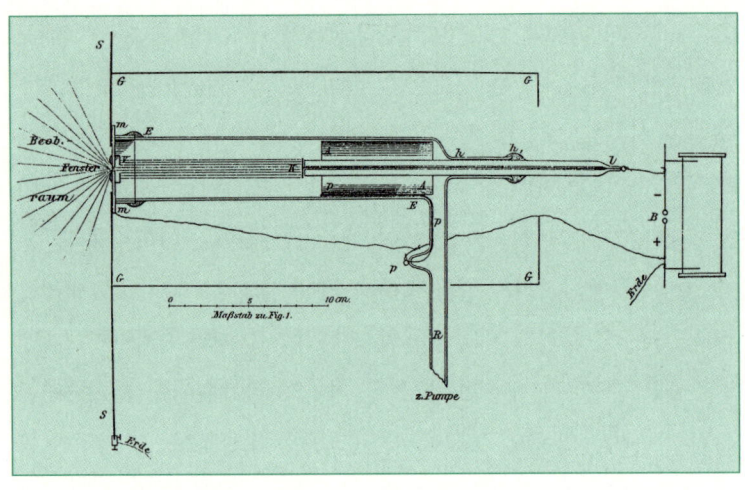

필립 레너드는 음극선을 왼쪽의 작은 창문을 통해 유리관으로부터 공기 중으로 쏘았다.

"유기 화학 물질이야. 백금시안화바륨도 형광을 발하지."

"아하, 우리가 화학도 포함시킬 수 있을 뻔했네." 마야가 말했다.

"백금시안화바륨은……." 미하엘은 다시금 메모장을 보아야 했다. "이것은 뢴트겐에게도 중요한 역할을 하지. 뢴트겐은 하여튼 레너드의 실험에 대해 알게 되었고 이제 스스로 그런 실험을 해보려고 했거든."

"왜? 더구나 이렇게 복잡한데……." 바스티안이 물었다.

"정확히는 알 수 없어. 당시 음극선이 어떤 방사선인지에 대해 활발한 토론이 이루어졌지. 전자는 아직 알려져 있지 않았어. 전자는 원자보다 2000 배나 작으니까. 당시 아무도 그런 입자를 생각할 수 없었지. 영국인들은 더 커다란 입자들이라 생각했고, 독일인들은 빛이나 헤르츠가 막 발견한 보이지 않는 파동과 비슷한 파동이 아닐까 생각했어. 그것들은 모두 전자기 파동이었지. 뢴트겐은 벌

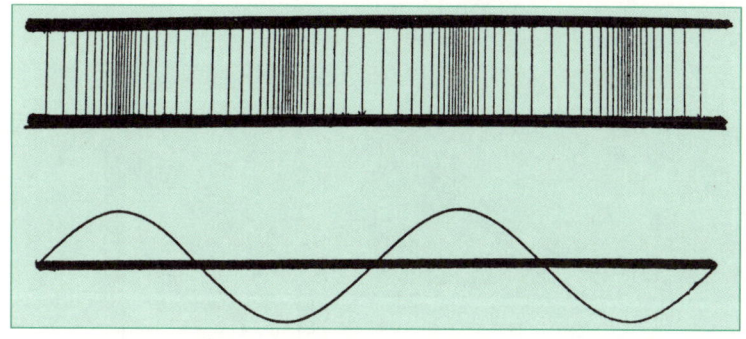

세로파(가령 공기의 빽빽한 부분과 듬성한 부분으로서의 음파)와 가로파(가령 물결)

써 얼마 동안 전자기 실험과 이론에 악착같이 몰두한 참이었어. 그
것이 그의 진정한 관심사였지. 그리고 이제 전자기 음극선들이 공
중으로 나왔어. 뢴트겐은 그것이 뭔가 중요한 사건이라고 생각했
어. 그는 1894년에 레너드에게 보내는 편지에도 그렇게 썼지. 그는
이런 방사선이 전기 이론에 중요할 거라고 생각했을 거야. 물리학
자 헬름홀츠는 음극선들은 세로파(종파)이고 빛의 파동이나 라디오
파는 가로파(횡파)일 거라고 보았었거든."

"세로파, 가로파라고?" 바스티안이 물었다.

"세로파는 모든 것이 파동 진행 방향과 나란한 방향에서 진동하
게 돼. 횡파의 경우는 팽팽한 줄을 들어 물결을 일으키는 것과 같
아. 그러면 파동은 가로로 진행하지만 줄의 부분 부분은 그 방향에
수직으로 흔들리지. 1년 반 뒤에 뢴트겐은 X선을 발견했고, 그것이
실지로 세로파일 거라고 여겼어. 그러나 그에 대해 집중적으로 연
구한 것은 1895년 10월부터였지. 대학 총장으로서 여러 가지 행정
적인 일로 정신이 없었거든."

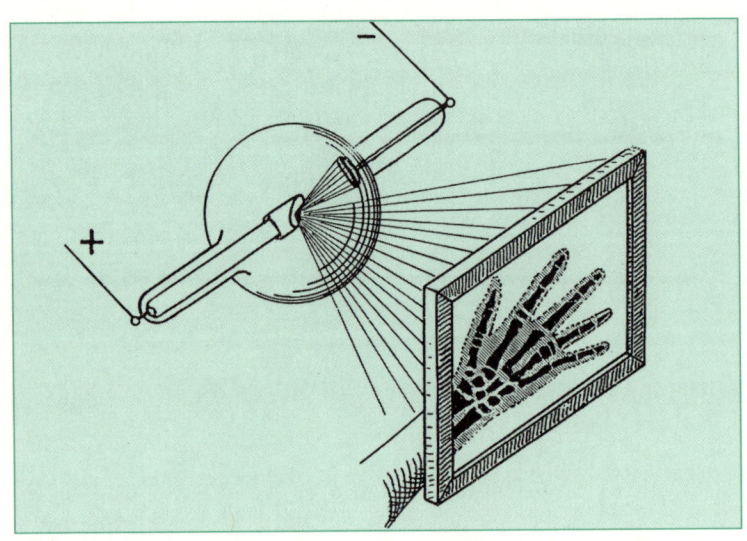

　"뢴트겐은 어떻게 발견에 이른 거야? 그 과정은 정말 드라마틱했니?" 마야가 물었다.

　"흠." 미하엘이 천천히 말했다. "그것은 아무도 몰라. "

　"이제 말해보라구." 바스티안이 말했다.

　"뢴트겐은 정말로 구체적인 과정을 결코 발설하지 않았어. 그저 '모든 것이 우연이었다'라고만 했지. 발견 시점은 정확히 말했어. 1895년 11월 8일이었다고 말이야. 이때 뢴트겐은 마분지로 빛이 새어나오지 않게 유리관을 감쌌어. 그런데 우연히 백금시안화바륨을 칠한 형광판이 그 앞에 있었고 막이 신비한 형광을 내었던 거야! 그 앞에 손을 대어보았더니, 뼈가 보였지. 이게 다야."

우연을 필연으로 바꾼 과학자

"맙소사. 지루하군. 이런 소재로 어떻게 연극을 하지? 드라마틱한 게 아무 것도 없잖아. 유리관이 폭발해서 뢴트겐이 잿더미를 뒤집어쓴다든지, 그리하여 조교들이 경악하지만 뢴트겐은 신비한 광선을 믿는다든지. 아니면 모든 걸 다 걸고 아주 힘들게 X선을 발견하게 된다든지…… 구할 수 있는 모든 물질들을 형광판으로 활용해보고, 84시간 동안 먹지도 자지도 않은 끝에 겨우 발견한다든지……" 바스티안은 정말로 실망한 모양이었다.

한눈에 읽는 과학사

X선의 발견

뢴트겐은 1895년 12월 28일 발표한 논문에서 이렇게 말했다. '히토르프관, 또는 충분히 진공상태가 된 크룩스관이나 레너드관 등을 검은 마분지로 감싸고 꽤 커다란 룸코르프를 방전시키면 아주 깜깜한 방에서 그 관 근처에서 백금시안화바륨을 도포한 종이막이 방전 때마다 밝게 빛나고 형광을 발하는 것을 볼 수 있다. 백금시안화바륨을 칠한 쪽이 방전 기구 쪽을 향하든, 아니면 반대쪽이 그곳을 향하든 상관없다. 형광은 기구로부터 2미터 떨어진 곳에서도 감지될 수 있다. 형광이 다른 부분이 아닌, 방전 기구에서 비롯된다는 것은 쉽게 확인 가능하다. 이런 현상에서 우선 눈에 띄는 것은 햇볕이나 전기호광의 가시광선이나 자외선이 통과하지 못하는 검은 종이옷을 어떤 매질이 통과하여 생동감 있는 형광을 만들어낼 수 있다는 것이다. 그러므로 다른 물체들도 이런 특성을 가지고 있지는 않은지 연구가 필요하다. 이런 것이 서로 정도는 다르지만 모든 물체를 통과한다는 것을 곧 알게 될 것이다.'

"가만히 있어봐. 그렇게 드라마틱하지 않았다면 우리가 좀더 극적인 요소를 더하면 될 거야. 하지만 난 아직 모든 것을 이해하지 못했어. 그러니까 뢴트겐이 어떻게 했다고?" 마야가 말했다.

"뢴트겐은 이제 모든 가능한 물질을 동원하여 투과성 시험에 들어갔어. 가령 납은 X선 차폐 효과가 좋단다. 그러나 나무 상자 같은 것은 그 안에 뭐가 들어 있는지 꿰뚫어 볼 수 있었지. 금속 조각에서는 심지어 약한 부분들을 감지할 수도 있었어. 그리고 자기 손을 대면 뼈들이 보였지. 뢴트겐은 물질의 밀도가 높을수록, 따라서 비중이 높을수록, 그리고 두꺼울수록 방사선을 많이 삼켜서 투과성이 낮아진다는 것을 확인했어. X선은 종이로 덮었음에도 불구하고 사진판에 상을 맺히게 할 수 있었어. 따라서 X선은 화학적으로 작용했어. 그러나 광선처럼 유리를 만나 광학적인 굴절 현상을 보이지도, 음극선에서처럼 자기에 의해 방향이 바뀌지도 않았지. 그 방사선은 아무튼 방전관에서 가장 밝게 형광을 내는 부분으로부터 나온 것이었어. 뢴트겐은 정말로 가능한 모든 것을 연구했지."

"맞아." 마야가 말했다. "그래서 모두들 10년간 X선에 대해 물리학적으로 새로운 내용이 추가되지 않고 있다고 느꼈지."

"뢴트겐은 자신이 발견한 방사선을 X선이라고 명명했어. 그리하여 오늘날에도 보통 X선이라 불리고 있지. 독일에서는 뢴트겐선이라고 불리지만 말이야."

"좋아." 마야가 말했다. "우연히 발견했다는 말이 관심을 끄네. 하지만 뢴트겐은 어째서 유리관을 검은 종이로 감쌌던 거지? 알루미늄 창문에 대한 이야기는 왜 안 나와? 그런 기구로 실험을 시작했잖아. 그리고 레너드를 비롯한 다른 학자들도 그런 형광판을 가지고 있었을 텐데, 어째서 그런 형광판에서 X선을 느끼지 못했던 걸까?"

미하엘이 말했다. "흠, 유리관을 종이로 감쌌던 것은 이해가 가. 뢴트겐은 아마도 레너드 선을 공기 중에서 완전히 방해 없이 관찰하고자 했을 거야. 그래서 창문만 남기고 유리관으로부터 나오는 빛들을 차폐하고자 했던 것이지. 하지만 왜 작은 창문으로부터 다시 일반적인 유리관으로 돌아갔을까?"

"뢴트겐은 아마도 창문을 마분지나 다른 것으로 가려보았을 거야. 무엇인가가 통과하는지 보려고 말이야. 그리고 정말로 판지로 가렸는데도 그의 형광판이 여전히 빛을 발했던 것이지!" 바스티안의 추측이었다.

미하엘이 다시 말을 받았다. "중요한 것은 레너드의 펜타뭐시기 케톤인가 하는 것은 뢴트겐선에 민감하지 않다는 거야. 따라서 유리관을 어둡게 하면 빛이 나지가 않아, 창문 앞에 레너드가 언급했던 1.3mm짜리 판지를 대어도 말이야. 하지만 뢴트겐의 백금시안화바륨은 뢴트겐선에서 형광을 발하지. 바스티안이 옳을지도 몰라. 하지만 다른 가능성도 있어." 미하엘은 자신이 읽은 책에서 한 부분을 발췌해 읽어주었다. "레너드는 음극선은 1/55mm 두께의 유리막도 투과했다고 썼어. 공기 중에 있는 것이 진짜로 유리관 내부의 음극선인지는 확실하지 않았어. 창문을 통해 음극선이 다른 것으로 변화되었을지도 몰랐어. 그리하여 여러 학자들은 창밖으로 나온 방사선을 레너드선이라 불렀지."

마야가 말했다. "흠, 이것도 그냥 추측에 불과한데 뢴트겐은 백금뭐시기바륨 같은 막을 종이로 감싸지 않은 유리관의 여러 부분에 대어보았을 거야. 음극선이 두꺼운 유리도 통과할 수 있는지 없는지 보려고 말이야. 그러자 레너드의 막과는 달리 백금어쩌구바륨으로 된 막이 빛났던 거야. 그런 게 아니었을까?"

"그럴 수도 있어." 미하엘이 말했다.

"뢴트겐은 매우 놀랐을 거야. 레너드는 그런 현상을 보고한 적이 없었으니까." 마야가 말했다. "그러고 나서 한 걸음만 더 나가면 되었던 거야. 첫째, 유리관의 강한 빛은 대부분 백금어쩌구바륨이 형광을 내게 한다. 둘째, 마분지나 다른 것이 이런 형광을 제거할 수 있는지 한번 보자. 그랬더니 마분지는 그렇게 하지 못하고, 납은 그렇게 할 수 있었어. 그것이 바로 X선이었어."

"또 하나의 버전이 추가될 수 있어." 미하엘이 말했다. "뢴트겐은 빌헬름 1세 앞에서……."

"빌헬름 1세가 아니라, 빌헬름 2세야." 마야가 외쳤다. "1세는 이미 죽었었어."

"아무튼 빌헬름 2세는 살아 있는 해골을 구경할 수 있는 이런 환상적인 방사선 이야기를 들었어. 그래서 곧장 뢴트겐을 베를린의 황제궁으로 초대했지. 개인적으로 시연해 보이도록 말이야. 그리고 이런 시연에 대해 누군가 이렇게 신문 기사를 쓰는 거야. 뢴트겐의 설명에 따르면 뢴트겐은 발견 당시 백금뭐시기바륨 몇 알을 탁자에 흩어놓았는데, 유리관을 어둡게 감쌌음에도 불구하고 그것들이 갑자기 형광을 발했다고 말했다고……."

"그것은 알루미늄으로 된 레너드 창문을 갖고 있는 유리관이었을지도 몰라. 그리고 바륨들은 창문으로부터 나오는 방사선 방향으로 일직선 상으로 빛난 것이 아니라 유리관을 따라 나란히 빛을 발한 거지." 마야가 열심히 머리를 굴렸다. "와우, 멋진 생각이 떠올랐어. 우린 물론 그 과정이 진짜로 어떻게 진행되었는지 알 수 없어. 여러 가지 개연성이 있어. 뢴트겐이 이런 방사선을 믿을 때까지 다양한 결과들이 잇달았을 수도 있고……. 뢴트겐은 정말로 아주 신중하고 꼼꼼한 실험가였다고 해. 그러니까 이렇게 하는 거야. 우리가 이런 다양한 개연성들을 간단간단하게 선보이는 거야. 이렇게 되었을 수도 있다며 한 장면을 연기한 후 스톱, 암전, 그리고 나서 새로운 장면, 이렇게 했는지도 모른다, 그리고 다시 스톱, 암전, 그리고 다시 다른 장면……. 그리고 나서 관중들은 또 다른 생각을 가지고 있지 않은지 토론하는 거야. 우리가 뭔가 잘못 생각한 것은 아닌지."

"정말 멋진 생각이군." 미하엘과 바스티안이 입을 모았다. "하지만 아직 우리에겐 생물학적인 내용이 부족해. 이제 네 차례야, 마야!"

몸속을 훤히 들여다보다

마야가 시작했다. "모두가 X선을 매력적으로 생각했어. 불투명한 몸속을 들여다볼 수 있다니 말이야. 갈릴레이의 망원경 이전에 하늘에 있는 몇십억 개의 별들이 가려져 있었던 것처럼 여지껏 몸속을 들여다보는 건 불가능했는데 말이야. 그리고 갈릴레이에게서처럼 학문보다 기술적 활용이 돈이 되었지. 사람들은 손가락뼈 주변에서 거의 떠다니다시피 하고 있는 결혼반지에 열광했지. 많은

X선에 대한 놀라운 소식이 세계에 퍼지자 누군가는 이런 끔찍하면서도 우스운 그림을 그렸다.

사람들은 누군가 허락도 없이 벽을 투시하여 집 안 사람을 꿰뚫어 볼까 봐 두려워했어. 그래서 빈 경찰은 X선에 대한 공적 강연을 금지했지.

그러나 의학자들은 골절을 연구할 수 있는 환상적인 기회를 갖게 되었음을 간파했어. 이제까지 뼈가 부러지면 의사들은 그 부분을 만져보고 판가름할 수 밖에 없었고 환자들은 극도의 아픔을 견디어야 했지. 또는 총상을 당했을 경우, 총알이 어디에 있는지도 알기가 힘들었어. 하지만 기술자들이 뢴트겐관을 개선시키자마자 동맥경화, 담석, 신장결석 같은 것은 쉽게 진단할 수 있었어. 뢴트겐은 이미 음극선을 유리 대신 백금 판에 쬐는 것이 더 낫다는 것을 확인했지. X선이 아주 명확한 그림자를 만들기 위해서는 충돌 지점이 가능하면 작아야 했어. 결국 그림자 상이 보이는 거니까 말이야. 그리고 뢴트겐은 이미 약한 X선도 있고, 중간 정도의 X선도 있고, 아주 강한 X선이 있다는 것을 알았어. 강한 선은 모든 물체를 강하게 투과할 수 있었지. 다양한 목적에 다양한 방사선이 필요했어. 그리하여 결국 인간의 장기도 볼 수 있게 되었지."

"그러나 인간의 장기는 서로 구분이 잘 안 되잖아. 어떻게 특정한 장기를 다른 살들과 구분해서 관찰할 수 있는 거지? 식도 같은 것을 어떻게 다른 것과 구분할 수 있어?"

"1904년부터 마시거나 주사를 놓을 수 있는 물질들이 발견되었어. 조영제라 불리는 물질이지. 특정 부분을 도드라지게 보여주는 역할을 해. 주변보다 뢴트겐선을 더 강하게 삼키거든. 비중이 더 무겁기 때문에, 즉 원자 질량이 더 크기 때문이지. 그러나 또 다른 문제는 움직이는 기관을 보이게 만드는 것이었어. 순간적인 사진은 가능하지 않았어. 불쌍한 환자들은 처음에 X선 사진 하나 찍는 데 10분에서 한 시간가량 X선을 쬐야 했지."

"그러면 매우 유해했을 텐데?" 미하엘이 물었다.

"그래, 곧 그리로 넘어갈게. X선은 곧 진단뿐 아니라 치료용으로도 쓰이게 되었어. 1899년부터는 피부암을 치료하는 데 쓰였고, 1900년 이후에는 종양을 치료하는 데 쓰였지."

"그러나 그것은 틀림없이 문제가 있었을 거야." 바스티안이 말했다.

"그랬어. 오늘날까지 암을 문제 없이 치료할 수 있는 방법은 없

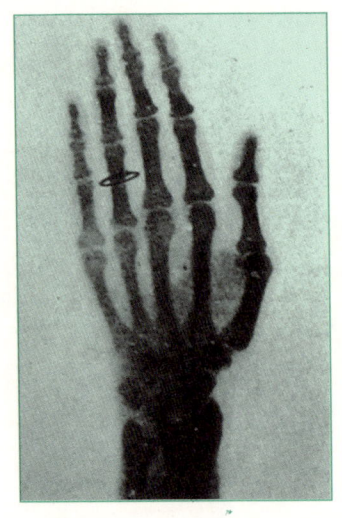
1900년경의 완벽한 X선 사진

어. X선은 정말 문제가 있었지. 환자들이 X선을 쬐다가 암에 걸리는지 알 게 뭐야. 보호 장치도 없이 한 시간씩 쬐고 있으면 말이야. 가령 독일의 뢴트겐 학회의 초대 의장 알베르스 쉰베르크는 10년 이상 아무런 보호 장치도 없이 뢴트겐관을 취급한 후 가운뎃손가락에 악성 종양이 발생했어. 그래서 수술로 절단했지. 하지만 2년 후에는 팔에 악성 종양이 발생했고, 4년 후에는 어깨에 암이 생겼어. 그리고 7년 후인 1921년에 사망했지."

"맙소사. 우리 아빠가 그러는데 2차 대전이 끝난 직후에 신발 가게에 가면 신발이 맞는지 보기 위해 발을 X선 기기에 집어넣었었대." 미하엘이 말했다.

"전쟁 전에는 강한 뢴트겐관을 이용하여 영화를 찍기도 했어. 해골들이 왔다 갔다 하며 돌아다니고 포도주도 마시고 하는 필름 봤지? 오늘날에도 그런 필름들이 남아 있어."

"배우들은 더 이상 존재하지 않고…… 신속하게 진짜 해골이 되었을 테니까." 바스티안이 고개를 저었다.

마야가 계속했다. "하지만 X선은 재료 시험 같은 새로운 기술에 위험성 없이 이용될 수 있었어."

"재료 시험?" 미하엘이 물었다.

"자동차광, 조립광인 너희들이 나보다 더 잘 알 텐데? 가령 두 금속판의 용접 상태는 튼튼한지, 어떤 금속 조각에 재료의 결함이 있지는 않은지? 뢴트겐도 X선으로 자신의 엽총을 검사했었지. 오늘날 비행기 부품을 검사하는 것은 생명에 필수적인 일이란다!"

"생물 과목과 관련되는 내용이 이뿐이 아닐 텐데?" 바스티안이 소리쳤다.

"좀 머리를 써야 하는 것들이 남았어. 너희들 X선이 무엇인지 알고 있니?"

미하엘과 바스티안이 어리둥절한 표정을 지었다.

파도처럼 출렁이는 빛

"1912년 물리학자들은 뢴트겐이 믿었듯이 X선이 세로파, 즉 종파가 아니라 전파나 빛의 파동처럼 아주 일반적인 전자기파라는 것을 알아냈어. 다만 전파나 빛보다 파장이 훨씬 더 짧을 뿐이었지. 파장이 전파처럼 킬로미터 내지 센티미터 길이가 아니며, 빛의 파동처럼 만분의 2~3밀리미터 정도가 아니라, 그보다 만 배나 더 작은, 1억분의 2~3밀리미터 정도라는 걸 말이야."

"어떻게 그렇게 짧은 파를 측정할 수 있는 거지?" 바스티안이 비아냥거렸다.

"크리스털, 즉 결정으로 측정할 수 있어."

"그렇게 작은 결정이 다 있어? 넌 그런 크리스털을 장신구로 달고 다니니? 그래서 우리 눈에 보이지 않는 거야?" 미하엘이 마야를

놀렸다.

"맙소사! 학자들은 결정에 X선을 쪼였어. 결정에는 무지무지하게 작은 구멍들이 있지. 1912년에 뮌헨에서 세 남자가 그 일을 했어. 거기에 여자는 끼지도 못했다고."

"넌 그런 일에 낄 수 있을 거야. 마야!" 바스티안이 소리쳤다. "독일어만 그렇게 잘하지 말고, 우리 수학 숙제 좀 도와줘봐."

"이런 게으름뱅이들 같으니라구. 아무튼 나는 생화학을 전공하기로 마음먹었어. 그 이유는 조금 있다 말해줄게."

"그래, 마야의 이야기를 계속 들어보자구." 미하엘이 외쳤다. "위대한 여성이여, 세 남자가 결정으로 무엇을 했는지 말해주세요."

마야는 담담하게 말을 이었다. "그들의 이름은 프리드리히, 크니핑, 폰 라우에였어. 그들은 결정에 X선을 쪼이고, 그 뒤에 사진판을 대었지. 그랬더니 뭐를 보았게? 그들은 간섭 현상을 보았어. 어라, 이 어안이 벙벙한 얼굴들 봐라? 간섭 현상이 금시초문이로군. 자, 내가 설명을 해줄게. 두 개의 물결, 즉 파동이 만나면 물결이 강화될 수 있어. 마루와 마루, 골과 골이 만나면 어떻게 되겠니? 바다의 파도를 생각해봐."

"그야 물론 마루는 2배로 높아질 거고, 골은 2배로 깊어지겠지." 미하엘이 말했다.

"맞아. 하지만 물결은 서로를 파괴할 수도 있어. 그러니까 마루와 골이 만나면 해면이 거울처럼 잔잔해지지. 그리고 빛의 마루와 빛의 골이 만나면 어둠이 되고. 믿기지 않니? 마루와 골이 만나면 파동이 사라져. 알겠어?"

"난 바다에서 그런 현상을 한 번도 보지 못했어." 미하엘이 말했

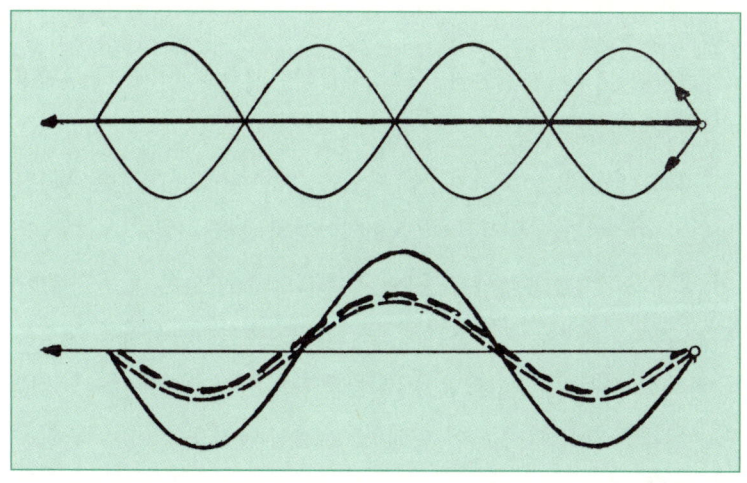

다. "빛이 어둠으로 변하는 것도 보지 못했고."

"그건 아주 많은 파동들이 이리저리 진행하기 때문이야. 그럼 한 번 오른쪽 왼쪽으로 팽팽하게 당겨진 줄을 잡고 있다고 생각해봐. 이제 한쪽 끝에 있는 사람은 줄을 위쪽으로 튀어나오게 흔들고, 다른 사람은 아래쪽으로 튀어나오게 흔들어. 두 진동이 만나면 0이 되지. 너희들 혹시 우산 쓰고 가로등 밑에 서 있었던 적 있니?"

"응, 그러면 가로등 주변으로 우산에 아주 신기한 색깔 무늬가 나타나던걸." 바스티안이 말했다.

"맞아." 마야가 고개를 끄덕였다. "그것은 파동이 우산 천 사이에 난 작은 틈으로 빠져나와 방향이 바뀌기 때문이야. 그것을 회절이라고 하지. 회절된 파동들은 방향이 그리 크게 바뀌지 않은 다른 파동들과 만나. 그때 마루와 골이 정확히 맞아떨어지면 상쇄가 일어나지."

"하지만 어두워지기는커녕 알록달록하던데." 바스티안이 주장했다.

"그래, 마루와 골이 합쳐지는 바람에 전등 빛에서 특정한 색깔만 남는 거야. 색깔은 특정한 파장을 의미하지. 그러니까 다른 파장들이 상쇄된 거야. 그래서 전등의 '색스펙트럼'의 남은 부분을 보게 되는 거지. 결정에 쪼인 X선도 우산을 통과하는 광선처럼 결정을 통과해서 빠져나가. 그러면서 많은 부분이 결정 원자를 통해 방향이 바뀌게 되지. 이것은 이 실험의 두 번째 놀라운 점이야. 결정은 밀도가 높지 않고, 원자들이 불규칙적으로 배열되어 있지 않아. 원자들은 규칙적으로 가로세로 나란히 배열되어 있지. 약 천만분의 1밀리미터 간격으로 말이야! 따라서 첫 번째 원자 층이 있고, 천만분의 1밀리미터 간격으로 두 번째 원자 층이 있고 이런 식으로 말이야. 그리고 그때 방향이 바뀐 몇몇 X선이 역시 방향이 바뀌어 결정을 통과하는 길이 좀더 길어진 X선들과 만나지. 그럴 때 정확히 마루와 골이 만나면 파동은 서로 상쇄돼. 따라서 결정 뒤에 놓인 사진판에 밝고 어두운 무늬가 생겨나게 되지. 그 무늬는 우선 결정의 배열 상태를 보여줘. 두 번째로 X선이 파동임을 보여주지. 그렇지 않으면 이런 간섭 현상은 나타나지 않았을 테니까. 그리고 세 번째로 X선의 파장이 원자의 간격과 같다는 것을 보여줘. 그렇지 않았다면 또 그런 현상이 나타나지 않았을 테니까."

생물학 혁명을 이끌다

"그게 생물이랑 무슨 관계야?" 미하엘이 물었다.

"잠깐 기다려봐. 그러니까 학자들은 그때부터 결정을 연구할 수 있었어. 결정이 어떻게 구성되어 있는지 등등. 가령 모든 생물체의 중요한 구성 요소인 단백질도 결정화시켜 연구할 수 있지. 그러나 그것은 1939년에야 비로소 시작되었어. 그 후 1946에 발견되었던, 탁월한 전염병 치료제인 페니실린의 구조도 X선을 통해 규명될 수 있었지. 그리고 1953년에는 X선 분석과 화학과 생물학을 동원해 유전인자가 어떻게 구성되어 있는지도 규명해냈어. 약자로 DNA라고 하는 디옥시리보핵산 말이야."

"DNA? 무슨 보험회사 이름 같다." 미하엘이 웃었다.

"DNA는 너를 너로 만들어주는 것이란다. DNA도 물론 결정화시켜야 했지. 그리고 나서 그것들에 X선을 투과시켜야 했어. 가장 힘들었던 것은 복잡한 결정으로부터 X선의 상쇄와 보강을 통해 형성되는 무지막지하게 많은, 희고 검은 점들을 해석하는 것이었어. 그러려면 이에 관련한 화학적, 생물학적 이론들이 필요했지. 복잡한 계산 결과를 거쳐 알아낸 것은 DNA의 구조였어. 그것은 이중의 나선형 계단, 또는 이중 나선처럼 생겼지. 생화학자 제임스 D. 왓슨이 물리학자 토머스 크릭과 함께 그것을 규명해냈어. 내가 나중에 생화학을 공부하게 되면, 너희들 중 한 명이 물리학자가 되어 노벨상을 향한 길에 함께할 수 있어. 알겠지?"

바스티안이 어깨를 으쓱했다. "그게 누가 되든 간에, 너희들 책에는 두 가지는 나오지 않은 것 같구나. 바이러스한테서 내가 개인

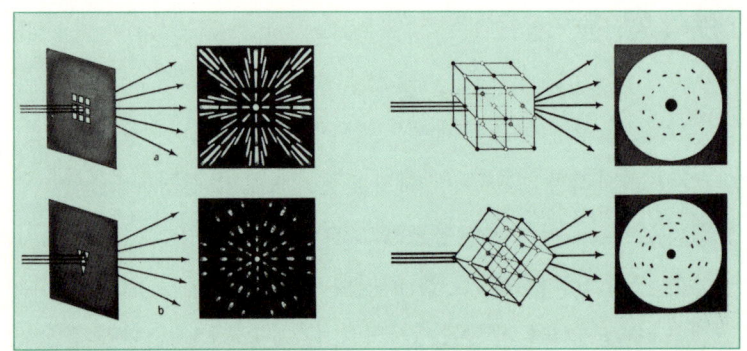

직진하던 광선은 우산 구멍이나 결정 속에서 부분적으로 방향이 꺾인다. 서로 다르게 꺾인 광선들이 서로 만나면 빛의 상쇄 혹은 보강이 일어난다. X선에서 보강은 사진판이 더 검어지는 것으로 나타난다. 그리하여 회절 형상에 검은 점이 찍히게 된다.

적으로 알아낸 정보인데 말이야. 너희들 왜 바이러스 선생의 이름이 빌헬름 콘라트인지 알아?"

"그러고 보니 뢴트겐의 이름이랑 똑같네." 미하엘이 말했다.

"그래! 바이러스 선생님의 아버지는 X선을 역사상 가장 위대한 발견으로 여기셨대. 의학에 미친 공로로 보아 말이야. 그래서 뢴트겐의 이름을 따서 아들의 이름을 지었다는군. 그리고 두 번째 새로운 사실, 너희들 몇 년 전에 X선 망원경이 출시되었다는 사실 알고 있니?"

"그걸 어디에 쓰는데?" 마야가 물었다.

"지상을 연구하는 데 쓰지는 않아. 별들이나 별들의 폭발인 초신성도 X선을 방출하지. 그러나 그것들은 우리 대기를 뚫고 들어오지 못해. 지구를 감싸고 있는 몇 킬로미터 두께의 대기층이 X선관 주변의 납 보호대처럼 작용하거든. 하지만 X선 망원경을 로켓 같은 것에 탑재해 하늘로 올려 보낼 수 있어. 그런 망원경들은 독일

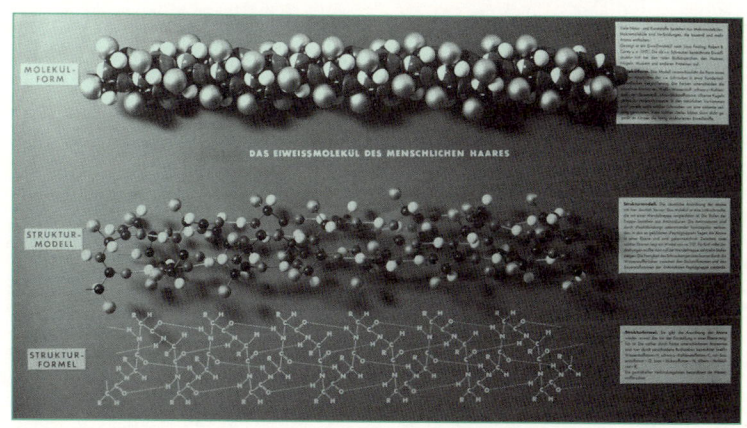

단백질 분자들은 매우 복잡함에도 'X선 회절'로 그 구조가 설명될 수 있었다.

출신의 물리학자 이름을 따서 볼터 망원경이라 불리지. 그런 망원경에는 렌즈가 없어. 렌즈가 아니라, 매끈한 금속 표면에서 X선이 반사되는 것을 이용해 X선을 잡아내지. 그렇게 몇천 개의 'X선 별'이 발견되었어. 그리고 세계에서 가장 커다란 X선 망원경이 출시되었지. 'ROSAT'라는 망원경으로 기네스북에 이미 두 차례나 올랐어. 최적의 금속 표면을 가지고 있을 뿐 아니라 구경이 83센티미터인 최대의 X선 망원경으로서 말이야. 앞으로 하늘에서 약 10만 개의 'X선 별들'이 발견될지도 몰라. 인간이 갖게 된 최신 X선 눈에 아주 새로운 하늘이 열리게 되는 거지. 갈릴레이가 알았다면 얼마나 감탄했을까!"

"좋아." 마야가 말했다. "그러나 의학에서는 X선이 차지하는 비중이 줄어들기를 바란다. 너희들, 대기와 지표면의 자연적인 방사성 다음으로 의학적 활용—의학적 활용은 대부분 X선을 통해 이루어지지—이 인간을 가장 많이 괴롭히고 있다는 것 알고 있니? 자,

이제 모든 것을 어떻게 연극으로 꾸밀까?"

방대한 자료를 정리하여 흥미로운 연극으로 만드는 것은 쉬운 일이 아니었다. 하지만 노력 끝에 결국 스터디데이에 선보일 멋진 작품이 탄생했다.

1막: 공기펌프와 음극선과 함께 하는 실험(바이러스가 뒤적여 찾아낸 오래된 물리학적 실험들이 있었다). 크룩스와 레너드의 파동과 입자에 관한 토론.

2막: 뢴트겐이 4개의 장면에 등장하여 연구를 한다. 어떤 것이 '진짜'였을까? 그에 대한 토론, 그리고 역사적으로 자연과학 분야에서는 왜 그리 여성의 비중이 적었고, 지금도 적은가에 관한 뜨거운 토론. 책임 소재에 대한 모든 역사적 논증들이 제시된다. 《여성의 타고난 정신박약에 대하여》라는 제목의 책도 있었다. 뢴트겐 부인 역을 맡은 마야는 물론 그것이 말도 안 되는 것임을 탁월하게 증명하여 빛나는 성공을 거둔다.

3막: X선을 둘러싼 일들. 한 장면에서 수염 난 황제, 경박한 저널리스트, 사업 수완이 있는 미국인이 등장한다. 그들은 X선에 열광하며, 저널리스트와 미국인은 뢴트겐의 발견에 대해 특허출원을 하고자 한다. 그러나 뢴트겐은 학문은 자유롭게 접근할 수 있어야 한다면서 그것을 거부한다. 하지만 특허를 확보하는 것도 나쁘지 않았을 것이다. 벌어들인 돈을 학문을 위해 유용하게 활용할 수도 있었을 테니까.

3막 가운데 한 장면인 '물리학과 재료 시험(결정, 뢴트겐관, 진보와 기술력, 전쟁과 평화에 대한 엔지니어들의 설명과 토론)'은 지나치게 교육적인 분위기를 풍겼다.

또 한 장면의 주제는 의학과 생물학, 성공과 위험성이었다. 한 열성적인 의사가 X선 치료로 가능한 모든 것을 시도한다. 그러나 결국 새로운 연구 방법으로 돌아선다. 바스티안의 빛나는 역할이 돋보였다.

마지막으로 현대 학문의 위험에 대해 토론했다. X선은 학문적 활용을 (X선 치료에서) 줄여나가야 하는 대표적인 예이다. 하지만 한편으로는 인식에 유익하게 활용될 수 있다(X선 천문학).

• 전자 : 1895년, 영국인 조지프 존 톰슨이 발견한 소립자. 조지프 존 톰슨은 유리관 속의 신비스런 음극선이 수소 원자(원자 중 가장 가벼운 원자) 질량의 1/1000밖에 되지 않는 가장 작은 입자임을 증명했다. 이런 실험을 위해 음극선이 축전기판 내지 자력 코일을 통해 전자기적으로 유도되는 최초의 '텔레비전관'을 고안했다. 우리는 오늘날 전자의 질량이 양성자(전자가 없는 수소 원자)의 1/1836이라는 '전기 원자'로서의 전자의 존재는 이미 톰슨 전부터 추정되어왔다. 전자라는 이름도 그때부터 유래한 것이다.

• 자기공명영상법(MRI) : 고주파의 강력한 자기장을 이용해 인체 조직이나 뼈를 연구하는 방법. 거기서 원자핵은 그 자기적 구조에 따라 스핀(작은 팽이로 상상할 수 있는 자전)을 변화시킨다. 그렇게 하여 서로 다른 원자들과 물질들, 또는 물질의 양을 인식할 수 있다. 이것을 컴퓨터로 영상화하면 신체의 명확한 상이 만들어진다. X선보다 부분적으로는 더 명확하고 더 대조적인 영상을 얻을 수 있다. 또 X선과 달리 자기장은 인체에 무해한 것으로 알려져 있다.

• 공기펌프 : 학문의 진보는 새로운 도구를 통해 이루어지는 경우가 많다. 망원경과 기전기도 그랬다. 공기펌프는 30년 전쟁 후 마그데부르크 시장 오토 폰 게리케가 고안했다(이것은 자전거펌프를 거꾸로 한 장치라고 할 수 있다). 그러나 가죽과 물을 통한 실링(sealing)으로는 그렇게 탁월한 진공상태를 만들 수가 없었다(200년 후 최고 성능의 펌프라야 기압의 1/300 정도를 만들 수 있었다).

그러다가 1860년경 역학자 가이슬러는 펌프 막대기 대신 수은주가 오르락내리락하는 수은 펌프를 고안했고, 유리관을 최소한 전보다 100배는 더 진공상태로 만들 수 있었다. 그리하여 실험을 통한 원자물리학 연구를 가능하게 했으며 뢴트겐의 발견도 가능하게 되었다. 회전식 진공펌프는 약 1900년경에 고안되었고 백열등과 전자관 제조에 아주 중요했다.

- **재료 시험** : 증기기관에서 증기기관이 폭발하거나 전철 선로나 철교가 부서지는 경우 커다란 불행이 야기될 수 있었던 19세기부터 재료 시험의 중요성이 부각되었다. X선은 '강도'에 따라(파장이 짧을수록 에너지가 강하다) 금속도 꿰뚫어 볼 수 있다. 연결 부위가 용접이 잘 되어 있지 않으면 X선에서 기포가 나타난다. 철도 선로 안의 파괴점도 발견할 수 있다.

- **뢴트겐, 콘라트 빌헬름(1845~1923)** : 우리는 오늘날 그가 어떻게 뢴트겐선을 발견했는지 정확히 알지 못한다. 독일 박물관에 있는 유리관은 그가 최초로 X선을 발견했던 유리관들은 아닐 것이다. 유리관들은 금방 못쓰게 되어버려, 실험을 진행하기 위해 계속 새로 만들어야 했다. 뢴트겐 이전에도 다른 학자들이 X선 효과를 보았으나(가령 음극선관 밖의 사진판이 검게 변하는 현상) 아무도 그런 현상을 계속하여 주목하지 않았다. 뢴트겐의 공로는 이런 관찰을 중요하게 생각하고 정확히 연구했다는 것이다. 그는 아주 신중하고 꼼꼼한 실험가였다. 러시아 물리학자 이오페는 나중에 1905년경 몇 년간 뮌헨에서 X선 결정 연구에 대해 뢴트겐과 토론했었다고 회상했다. 그러나 그 사이에 1차 대전이 발발했고 뢴트겐은 모든 것을 1921년에야 비로소 200페이지나 되는 논문으로 발표했다.

• 초음파 : 매우 주파수가 높은 공기의 진동(1초에 2만 번 진동)으로 우리 귀에

들리지 않는다.

7

결정들의 천일야화

크리스털의 세계
다이아몬드 전기 실험
완벽한 것보다 결함이 있는 것이 좋다
빈자리를 채우는 낯선 원자
규소와 반도체 형제
떨고 있는 게르마늄

chapter 7

크리스털의 세계

다른 밤과 다를 것이 없는 밤이었다. 아니, 다른 것이 있긴 했다. 지구가 탄생된 지 정확히 1조 곱하기 10억 번째 밤이라는 것. 인류가 등장하기까지는 오래 걸렸지만, 암석과 광물은 인류 탄생 훨씬 전부터 존재했었다. 이런 암석과 광물과 다른 무기 물질 모두가 10억 번째 밤마다 살아나 1001일 동안 매일 밤 깨어난다고 해보자.

우리의 관찰 장소는 암석과 광물들의 모임이다.

맨 먼저 커다란 다이아몬드가 몸을 일으키더니 "기상!" 하며 목소리를 높였다. "오늘 같은 날은 쉽게 다시 찾아오지 않아요. 자, 일어나 목청껏 토론해봅시다. 제가 먼저 시작하지요." 자못 뽐내는 듯한 목소리였다. 하지만 누가 다이아몬드에게 겸손을 요구하랴. 수많은 광물과 보석들은 덜그럭덜그럭하며 몸을 움직여 깨어나기 시작했다. 소금만이 여전히 달콤한 잠의 유혹을 뿌리치지 못하고 있었다.

"헤이, 여봐요" 다이아몬드가 말했다. "일어나요. 천한 번째 밤이에요. 결정들의 시간이 되었다구요! 오늘은 결정에 대한 인간의 관심에 대해 이야기해보려고 해요."

소금 결정도 기지개를 켰다. "좋아요. 말씀하세요. 하지만 10분은 넘기지 않으셔야 해요. 그러니까 우리 결정들의 아름다움과 규칙성에 대해서는 말이죠. 그런 다음 내가 30분에 걸쳐 우리 모두가 얼마나 불완전한 존재인지 설명할 것이고, 게르마늄과 규소가 결정의 유용성에 대해 보고할 거예요."

다이아몬드는 화가 나서 입을 굳게 다물었다.

"우리 각자의 이야기도 좀 해야죠." 다른 광물들이 소리쳤다.

"어떻게 천한 개의 이야기를 다 들을 수 있겠어요?" 소금이 말했다. "우리 개개인이 속한 무리에 대해서만 이야기를 한다 해도 시간이 부족할 거예요. 다이아몬드는 인류의 전 역사를 동반해왔지만, 여자들의 멋진 장신구로 이용되는 다이아몬드보다는 소금이 더 정치와 전쟁의 관심사가 되어왔죠. 하지만 누가 자기 때문에 전쟁이 일어난 사실을 자랑할 수 있겠어요? 차라리 우리가 모두 친척이라는 것과 인간들이 그 사실을 얼마 전 어떻게 밝혀내었는지 이야기하는 게 좋겠어요. 그게 더 재미있을 것 같아요. 자, 다이아몬드 님 말씀해주세요!"

다이아몬드는 심호흡을 했다. "좋아요. 소금님과 싸우고 싶은 마음은 없어요." 다이아몬드는 그런 저급한 소금 결정에 대해 꽤나 우월감을 느끼고 있었다. 다이아몬드는 순수한 탄소가 아주 높은 압력을 받아 탄생된 존재가 아니던가. 나트륨과 염소처럼 불에 탈 위험이 있고 냄새까지 진동하는 값싼 재료로 혼합된 소금과는 질적으로 다른 몸이었다. "크리스털(Crystal: 결정, 수정)이라는 말은 그리스어로 굳은 얼음이라는 뜻이에요. 맨 처음 산에서 발견한 아름다운 구조물에 그런 이름이 붙여졌지요." 그 말을 들은 수정이 자랑스러운 미소를 띠었다. "얼음이 산속에 영원히 굳어져 있었다고 믿었기 때문이지요. 나를 포함한 모든 다른 광물들이 크리스털(결정)이라 불리게 된 것은 나중의 일이었어요.

200년 전쯤 이르러 사람들은 모든 크리스털(결정)이 그렇게 질서 있는 모습을 하고 있는 이유를 정확히 숙고하기 시작했어요. 커다란 벌집이 육각형 밀랍 방들로 이루어져 있는 것처럼 결정들도 아주 작은 규칙적인 형태로 이루어져 있는 것일까요. 눈결정도 육각형이지요." 주변이 따뜻했으므로 눈결정은 오래전에 녹아버리고 없었다. "친애하는 소금님, 소금님과 마찬가지로 나 역시 작은 정육면체만으로 이루어져 있어요. 약 200년 전에 처음으로 그런 생각을 했을 때 그것은 아직 순수 기하학적 차원이었지요. 우리가 작은 입자, 즉 원자로 구성되어 있다는 것과 이것들이 정육면체로 배열되어 있다는 것은 그 후로도 한참 동안 명확히 밝혀지지 않았어요. 100년 동안 아무도 그런 것에 진정한 관심을 갖지 않았지요. 아무도 이런 기하학으로부터 우리의 빛나는, 아름다운 특성들을 계산해 내지 못했으니까요. 우리가 왜 그렇게 단단한지, 왜 그렇게 투명하고 빛을 받으면 반짝이는지, 왜 그렇게 전류가 통하지 않는지……."

다이아몬드 전기 실험

"그러고 나서 1912년에 유명한 실험이 있었어요. 그 실험은 단번에 우리 안의 원자들이 겉으로 드러나는 것처럼 정육면체, 육각형 등등으로 나란히 배열되어 있다는 것을 증명했어요. 물론 쉽지는 않았어요. 정말이지 멋진 이야기였죠."

"훌륭해요, 다이아몬드님!" 소금이 외쳤다. "하지만 빠뜨리신 게 있네요. 우리 비금속 결정들은 전류가 흐르지 않는다고들 해요. 그래서 우리를 절연체라고 부르지요. 그러나 다이아몬드를 두고 1905년에 유명한 전기 실험을 했었지요?"

다이아몬드는 얼굴을 찌푸렸다. 소금이 무슨 말을 하려는지 알고 있었기 때문이다. 그러나 자신의 입으로 그 이야기를 하기는 싫었다.

"좋아요." 소금이 잠시 기다렸다가 말했다. "그러면 제가 이야기하죠. 1905년에 러시아 출신의 물리학자 아브람 페도로비치 이오페가 뮌헨의 유명한 물리학자 빌헬름 콘라트 뢴트겐에게 건너가 함께 실험을 했어요. 석영, 다이아몬드, 소량의 소금을 X선이나 자외선으로 두들겨 전기를 통하게 만들었던 것이죠. 그것은 극히 미미한 전류였어요. 1조분의 1암페어. 그러나 이들 물리학자들에게 그 결과는 매우 흥분되는 것이었죠. 어떻게 이런 일이 가능했을까? 이오페와 뢴트겐은 그것에 관심이 있었어요. 그리고 고단한 연구 끝에 논문을 발표했죠. 내용은 대부분 나에 관한 것이었어요." 소금은 자랑스런 표정으로 그 사실을 강조했다.

"200페이지 정도 되는 두꺼운 논문이었죠. 그것은 끔찍스런 1차

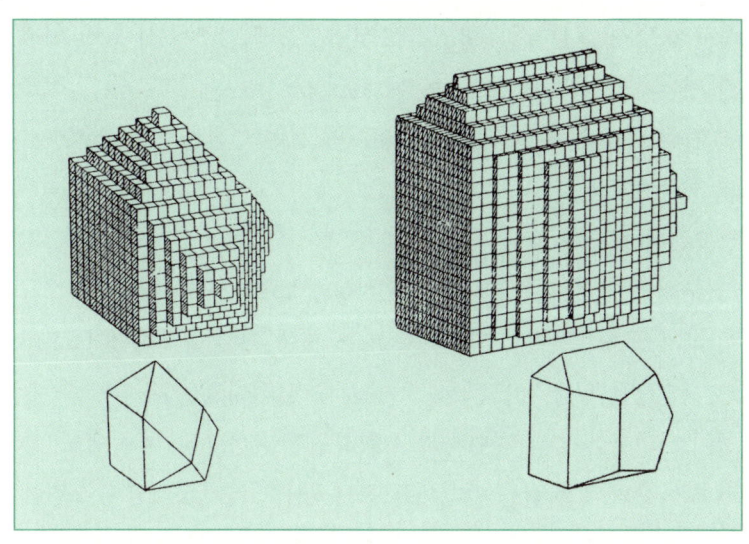

아주 복잡한 결정도 작은 정육면체로 이루어진 것으로 생각할 수 있다.

대전이 끝난 후 1921년에 발표되었어요.

좀더 부연설명을 하는 게 좋겠네요. 요오드화구리 같은 다른 결정에서도 이미 전도력이 확인된 상태였어요. 전하를 띤 원자가 작용하는 것이 틀림없었죠. 사람들은 그것을 이온이라 불렀어요. 이온이 결정을 통과해 움직인다고요. 하지만 그런 일이 어떻게 가능했을까요? 결정은 놀랍게도 규칙적으로 배열되어 있어요. 1912년의 유명한 실험에서 최종적으로 확인되었던 대로 원자 바로 옆에 다른 원자들이 있지요. 그런데 결정 속 무엇이 어디서 방랑할 수 있을까요? 기껏해야 미세한 입자 사이의 빈 공간에서 그럴 수 있을 거였어요. 이오페도 1916년부터 그렇게 생각했어요. 원자들이 원래 자리에서 '증발'하여 나머지 원자들의 열 사이로 들어가고, 원자구멍(hole)이 남는다고 말이에요. 그러나 처음에는 아무도 이런 생각을 믿지 않았어요. 대부분의 사람들은 오히려 전하를 띤 원자가 어느 부분에서 다른 원자들의 열에 부딪혀 다른 원자들의 열을 한 자리 더 민다고 생각했죠. 그리하여 결정에 전류가 흐를 것이라고 생각했어요.

그런데 이제 또 하나 중요한 것은 말이죠. 소금이 언제나 지금처럼 무색을 띠는 것은 아니랍니다. 100년도 더 전에 사람들은 소금이 때때로 노란색이나 파란색을 띠는 것에 대해 놀라워했어요. 이런 색깔들은 인공적으로도 만들어낼 수 있었어요. 가령 나트륨 알갱이 하나를 소금과 결합시켜 가열하면 소금은 노란색이 돼요. 그런데 이상한 것은 칼륨 알갱이를 첨가해서 가열해도 소금이 노란색이 된다는 것이었어요. 소금 성분이 염소와 나트륨으로만 되어 있는데도 말이에요. 1895년 이후 학자들은 X선도 이런 신비스런 색을 만들어낸다는 것을 알아냈어요. 이오페가 한창 다이아몬드님을 연구하던 바로 그 시기에 나는 유명한 광학 회사 차이스에서 새로 고안된 초정밀 현미경 아래에 누워 있었지요. 이 현미경을 고안한 지덴토프가 유리가 어떻게 색깔을 띨 수 있는지를 규명하고자 했거든요. 물론 그것은 그 회사에 정말 중요했어요. 나 같은 보잘것없는 결정의 특성을 알아내는 것보다 훨씬 중요했지요.

하지만 학자들은 원래의 길에서 벗어나 있는 것에도 관심이 있어요. 그리고 때로 그것은 더 중요한 것으로 드러나기도 하죠. 물론 나중에야 비로소 깨닫게 되지만요. 그리하여 지덴토프는 소금의 파란 색깔이 나트륨 원자 때문에 발생한다는 사실을 확인했어요. 나트륨 원자가 작은 결정들로 뭉쳐져 나트륨과 염소로 이루어진 소금의 아름답고 맑은 옷을 '더럽힌다'는 것이었어요. 이렇게 뭉친 결정 덩어리를 콜로이드(교질)라고 하지요. 그러나 소금이 노란색이 되는 이유는 지덴토프의 현미경 아래에서도 알 수가 없었어요. 훨씬 더 작은 입자가 작용하는 게 아닐까 추측할 뿐이었어요."

"소금님, 지금 무슨 말을 하려고 그러죠?" 루비가 물었다. "뭔가가 맞지 않는군요!"

"그래요. 바로 그 말을 하려고 하는 거예요." 소금이 외쳤다. "뭔가가 맞지 않았어요. 바로 당신의 화려한 구조에서처럼요, 루비님." 소금은 자기도취에 빠진 것 같았다. "완벽한 것은 없어요! 그래서 루비님도 그렇게 멋진 붉은색이 된 거죠. 당신의 경우는 알루미늄 옷에 오염이 있어요."

"미안하지만 크롬 원자는 오염이 아니에요." 루비가 화가 나서 소리쳤다.

"소금의 경우는 하여튼 말 그대로 '아무 것도 아닌 것'이었어요. 그리고 그것은 또한 소금에게서는 맨 처음 발견되었어요. 하지만 차례차례 이야기해봅시다. 1921년 이오페와 룀트겐의 논문에는 X선을 쐬어 노란색을 띠는 소금에는 X선을 쐬지 않은 무색의 소금보다 4만 배나 더 많은 전류가 흐른다고 되어 있었어요. 그런 것을 광전류(photoeletric current)라 불러요. 사진기의 노출계나 태양열 계산기의 태양전지에서도 빛으로부터 전류가 생기죠. 그것이 바로 광전류예요. 그리고 이제 괴팅겐 대학의 교수 로베르트 비하르트 폴이라는 사람이 나서서 모든 것을 근본적으로 검토하기 시작했어요. 그는 이미 다이아몬드 실험도 끝낸 상태였죠."

다이아몬드가 약간 경멸적으로 어깨를 으쓱했다.

"그리고 이제 원자의 커다란 비밀들이 풀렸듯 결정의 비밀도 풀

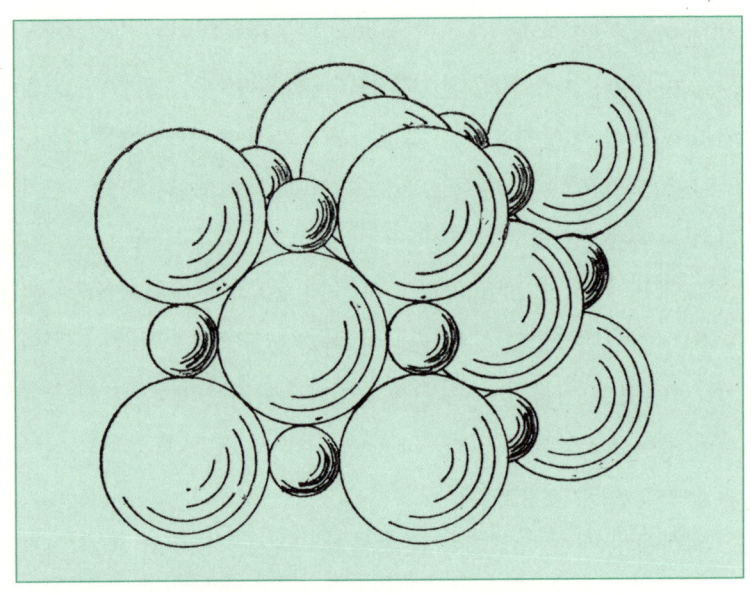

소금 결정은 작은 나트륨 원자와 상당히 커다란 염소 원자로 구성된다.

어내고자 했어요. 하지만 결정은 다양하고, 현상은 복잡했죠. 가능하면 가장 간단한 비밀을 어디에서 찾아야 할까? 아주 복잡한 상황에서 가장 간단하게 열릴 수 있는 문을 찾아내는 후각을 갖고 있는 게 중요하죠. 드물게는 그 문이 가장 화려한 문이에요."

다이아몬드는 이 말에 얼굴을 찌푸렸다. 그러나 그는 소금이 매우 객관적이고 담담하게 이야기를 풀어나가고 있음을 인정하지 않을 수 없었다.

"그리고 가장 간단하게 열릴 수 있는 문은 드물게 기술적 활용으로 이어져요."

이것이 자기 이야기라고 느낄 수 있을 셀레늄 결정은 그 자리에 없었다. 셀레늄은 결정으로서는 최초로 1920년 이후 노출계에 전기적으로 이용되었다. 그러나 소금보다는 그 원리를 설명하기가 난해했다.

완벽한 것보다 결함이 있는 것이 좋다

"폴은 그런 후각을 가지고 있었어요. 소금 집안은 정말로 간단하게 구성된 결정들이라고 할 수 있어요. 모든 결정은 언제나 두 파트너로 이루어지지요. 남자 방향으로는 나트륨, 칼륨, 루비듐 같은 알칼리 금속, 여자 방향으로는 염소, 브롬, 요오드 같은 할로겐 원소로 말이에요. 그래서 우리 집안을 알칼리할로겐 원소라고 불러요. 우리는 어쨌든 투명해요. 그리고 폴은 부드러운 노란색이 지닌 비밀에 주목할 것을 요구했어요! (나의 친척들의 경우는 다른 부드러운 색깔들이 나타나요.) 그러나 후각만으로는 부족해요. 문에 맞는 열쇠도 가지고 있어야 하지요. 폴은 열쇠 하나를 개발했어요. 레토르트로부터 인공적으로 우리를 만들어냈죠. 그러면 광산에서 채취한 남매들과는 달리 비교적 불순물이 없는 소금이 탄생해요."

"폴은 이제 무엇을 발견했나요?" 모두가 외쳤다.

"그는 나의 부드러운 노란색이 불순물이 아니라, 즉 원자들이 결정으로 뭉친 것이 아니라, 나의 아름다운 결정체의 장애라는 것을 발견했어요. 소금 결정체에서 아름답게 규칙적으로 배열되어 있는 약 백만 개의 염소 원자 다음에 구멍 한 개, 즉 빈자리가 있었어요. (빈자리는 많이 있어요. 그리고 원자 십억 개당 빈자리 하나만 있어도 노란색이 만들어지죠.) 그리고 염소 원자가 아니라 염소 원자보다 몇천 배

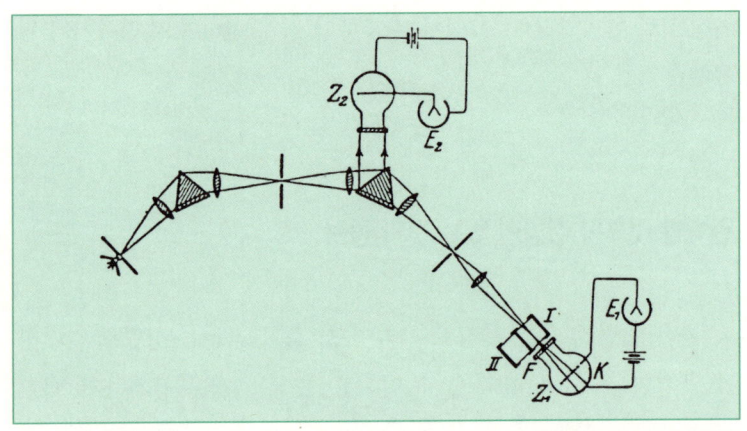

폴은 60년 전 광선을 유리 프리즘 두 개에 통과시켰고, 그로써 아주 순수한 색의 영역을 가려내었다. 그로써 폴은 결정으로부터 어떤 색깔의 빛이 얼마나 많이 흡수됐는지를 연구했다. 오늘날 이런 연구를 흡수분광학이라 부른다.

Z_1, Z_2 등은 셀레늄 광전지이다. 이들은 빛을 전류로 변화시키고, 전위계 E_1과 E_2는 이런 전류를 측정했다. 폴은 아직 전기 증폭기를 가지고 있지 않았다! 셀레늄 광전지 Z_1을 이용하여 I에서 얼마나 많은 빛이 결정을 통해 통과되는지가 측정되었다. 셀레늄 광전지 Z_2는 빛이 계속 일정하게 빛나게 하는 역할만 했다.

는 작은 전자 하나가 빈자리로 빠져 들어갔어요."

"원자 백만 개가 나란히 늘어서 있고, 그 다음에 비로소 전자가 있는 빈자리가 있는 거구만." 에메랄드가 외쳤다. "그것쯤은 무시해도 될 것 같은데!"

"하지만 그로 인해 초록이 아닌 노란색을 띠게 된다면 무시할 수가 없지요. 그리고 전류도 잘 흐르게 한다면요."

"자, 그럼 소금님의 이야기를 조금 더 들어봅시다." 눈에 띄지 않는 규소(실리콘) 결정이 외쳤다. "결정의 구멍은 오늘날 기술적으로도 매우 중요해졌어요." 규소는 자신이 무슨 말을 하고 있는지 잘 알았다. 규소는 인공적으로 유발된 결함들과 더불어 마이크로 전자공학의 알파와 오메가가 되었던 것이다. 그것도 바로 소금 결정을

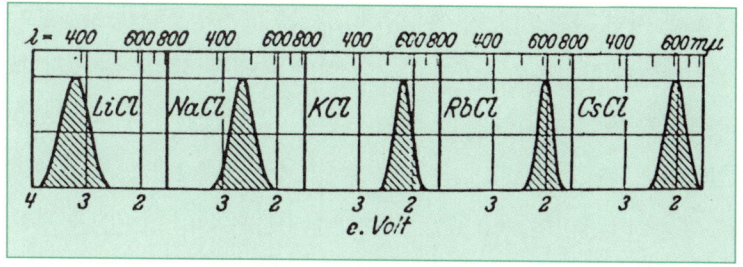

폴의 실험 결과는 이러했다. 짧은 선이 그어진 산봉우리들은 결정으로부터, 즉 소금(NaCl)으로부터 무엇보다 파란색(백만분의 480mm의 파장)이 흡수됐다는 의미이다. 흰 빛으로부터 파란색이 흡수되면, 보라색, 그리고 초록에서 빨강색까지가 남는다. 그리하여 결과적으로 일찍이 뢴트겐도 이상하게 여겼던 부드러운 노란색이 된다.

통한 인식 덕분에 말이다. "폴이 대체 어떻게 이런 구멍이, 즉 원자 백만 개당 빈자리가 하나 있다는 것을 알게 되었나요?"

"처음에 폴은 절대로 빈자리가 있다고 생각하지 않았어요." 소금이 말했다. "폴은 이런 장애를 그 영향만을 고려하여 컬러센터라고 불렀어요. 오늘날에도 그렇게 불리고 있지요. 간단한 원자적인 결함이 있었고, 그것을 더 정확히 연구했어요. 폴 혼자 그것을 발견한 것은 아니었어요. 학문적으로 복잡한 문제일수록 여러 학자들이 동시에 씨름해야 하지요."

"팀워크가 중요한 거죠?" 규소 결정이 고개를 끄덕였다.

"폴은 유능한 조수들을 거느리고 있었어요. 곧 폴의 조수들은 폴이 제안한 것보다 더 많은 발견을 해냈죠. 그들은 1930년경 이런 컬러센터들이 햇빛의 색깔(빨강에서 보라까지) 중에서 극히 얇은 빛의 띠만을 삼킨다는 것을, 즉 흡수한다는 것을 알아냈어요. 소금의 경우에 그것은 파란색의 일부분이었어요. 그리고 나머지 빛들은 계속하여 아무런 방해를 받지 않고 소금 결정을 통과했지요. 하지만 중요한 띠인 파란색이 흡수된 상태라 소금 결정이 노란색으로 보이는 것이었어요. 그리고 이런 흡수된 빛의 띠의 형태를 통해 그런 컬러센터가 얼마나 많이 있고 얼마나 많은 빛을 삼켰는지 계산할 수 있었어요. 파란색을 내게 하는 콜로이드처럼 대체로 알려진 장애는 오래전부터 계산이 가능했어요. 이제 학자들은 어떤 장애인지 정확히 알 수 없었지만 노란색의 경우에도 계산을 했지요."

빈자리를 채우는 낯선 원자

규소 결정이 말했다. "그러면 어떻게 전자들로 이루어진 구멍이 있다는 결론에 이르게 되었어요? 그런 현상을 일으키는 것은 빈자리가 아니라 낯선 원자들이었을지도 모르잖아요. 마이크로칩을 위한 나의 전기적 특성에서도 낯선 원자가 중요해졌는데."

소금 결정이 말했다. "그래요, 그것은 정말이지 재미있는 이야기예요. 그러나 간단하지는 않지요. 우리는 당시 규소(실리콘)와 규소의 다른 반도체들에 여전히 앞섰어요. 이미 언급했듯이 사람들은 우리를 인공적으로 완전히 순수하게 제조할 수 있었어요. 매우 순수하게 말이에요. 물론 인공 결정에서도 장애를 초래하는 낯선 원자들이 있어요. 그러나 어떤 불순물이 함유되어 있느냐, 광산에서 채취한 자연 결정이 연구되었느냐, 무엇이 노란색을 유발시켰는가(X선, 자외선, 나트륨 증기, 칼륨 증기, 또는 전류)와는 무관하게, 삼켜진 빛의 띠는 형태가 똑같았어요.

그러므로 노란색을 야기시키는 것은 낯선 입자들일 수가 없었어요. 따라서 빈자리일 수 있다는 생각이 유력시되었죠. 지멘스 회사의 유명한 발터 쇼트키와 폴의 몇몇 스탭도 그렇게 생각했어요. 그러나 폴은 다른 카드에 걸었어요. 폴은 장애를 초래하는 것은 원자들이지만, 낯선 원자들이 아니라 자신의 원자들이라고 생각했어요. 그러므로 소금의 경우는 결정 속 어디선가에 과다하게 남아도는 중성적인 원자로서, 소금의 결정격자를 이루는 나트륨 이온보다 전자가 한 개 더 많은 나트륨 원자들이라고 말이에요. 이런 제안은 그렇게 멍청하지 않았어요. 거기서도 전자가 결정적인 역할을 했고, 소금 속에 나트륨 구성 성분이 하나 더 많은 것은 효과로 보면 염소 구성 성분이 하나 적은 것과 똑같았어요. 하지만 하필이면 뭔가가 결핍된 것이 그렇게 결정적인 역할을 한다는 것 때문에 그 생각을 받아들이기가 힘들었던 것 같아요."

한눈에 읽는 과학사

결정 결함

1920년 이후 어떤 결정도 완벽하지 않다는 것이 속속 밝혀졌다. 결정 결함은 결정의 여러 가지 특성을 위해 매우 중요하다. 컬러센터는 가장 간단한 결정 결함, 소위 점 결함(point defect)이다. 점 결함은 결정격자의 특정한 원소와 관계된다. 의도적으로 첨가된 불순물 원자들(그것을 첨가하는 것을 도핑(doping)이라 한다)로서의 점 결함은 오늘날 마이크로 전자공학에서 모든 칩의 전기전도에 결정적이다. 그러나 결정 결함 중 전체 원자나 원자층에 해당하는 훨씬 더 복잡한 결함들도 있다. 가령 전위(dislocation)나 결정입계(grain boundary) 같은 결함은 탄성, 파괴 강도와 같은 특성들에 본질적으로 영향을 끼칠 수 있다.

"그러면 무엇이 결핍된 것, 즉 빈자리 이론을 결정적으로 뒷받침 해주었나요?" 규소 결정이 조급증이 나는 듯 물었다.

"폴의 생각에는 몇 가지 문제가 있었어요. 가령 나트륨 증기가 소금의 결정격자에 침투하여 구성 성분 사이에 머무른다는 것은 그럴듯했어요. 하지만 그렇다면 어찌하여 칼륨 증기로 실험을 할 때도 똑같은 색깔이 나타났을까요? 그것은 대답하기가 힘들었어요."

"왜 그렇죠?" 몇몇 반도체 재료 금속들이 다소 순진한 질문을 던졌다.

"좋아요. 딱딱한 물리학적 내용을 조금 더 살펴보지요. 빈자리에 있든, 나트륨 이온에 붙어 있든 간에 전자는 빛을 삼켜요. 그것이 중요하지요. 전자가 빛을 삼키며 더 높은 에너지 상태로 옮아간다고들 해요. 제가 자수정님을 여기 이 유리 진열장 아래 칸에서 위 칸으로 옮겨놓는다고 생각해보세요. 그러면 자수정님은 내가 당신을 옮겨놓기 위해 쏟는 에너지를 '삼키는 거예요'. 다음에 아래쪽으로 떨어지면 자수정님은 부서지기가 더 쉽지요. 이런 높은 '진열장' 상태가 바닥에서 더 많은 손상 에너지를 방출하기 때문이지요.

이것이 원자 안의 전자와 다른 점이 있다면 전자는 자수정님처럼 아무 칸으로나 못 올라간다는 거예요. 전자가 취할 수 있는 특정한 '칸'들이 있어요. 정해진 에너지 상태가 있는 것이지요. 이것에 도달하기 위해 전자는 빛 에너지의 특정한 꾸러미가 필요해요. 즉 빛의 특정한 색깔 말이에요. 그것은 빛다발 전체로부터 끌어내져요. 하지만 어떤 색이 필요한지는 어떤 '칸'에 위치하느냐에 달려 있어요. 나트륨 원자의 경우 '진열장의 칸'은 칼륨 원자와는 다른 높이에 '못질되어 있어요'. 따라서 그 전자들이 '바닥상태'라 불리는

'마룻바닥'에서 들뜬 상태라 불리는 첫 번째 '진열장 칸'으로 올라갈 때 서로 다른 색깔들을 흡수하게 되지요."

"그럼 나트륨/칼륨 문제를 빈자리 이론으로 어떻게 설명할 수 있나요?" 소금의 설명을 간신히 알아들은 자수정이 그렇게 물었다.

"세련되게 설명할 수 있어요. 금속 증기는 소금의 내부로 들어오지 않았어요. 그것은 장식적인 겉옷이 될 뿐이에요. 나트륨 증기는 전자를 내어주고 결정의 내부로부터 나온 염소 이온과 결합해서 새로운 결정코를 이루었어요. 소금 표면에서 말이에요. 그리고 이제 모든 것이 명확했어요. 나트륨에서 떨어져 나온 전자가 내부로 들어가 빈자리로 떨어져서 컬러센터를 만들 수 있었어요. 내부로부터 염소 이온 하나가 떨어져 나와 그곳에 또 하나의 빈자리를 남겼지요. 이렇게 떨어져 나온 염소 이온은 표면에서 나트륨 또는 칼륨, 또는 다른 것과 결합할 수 있었어요. 그것은 염소 이온에게 상관없는 일이었고 내부의 컬러센터에게도 상관없는 일이었지요.

하지만 컬러센터가 이렇듯 빈자리 플러스 전자라는 이론이 그렇게 설득력 있었음에도 그 이론은 다른 사실이 추가되었을 때에야 비로소 무리 없이 받아들여졌어요. 1932년에 학자들은 소금 결정에서 다른 구성 성분 사이(결정격자 사이)에 원자들이 있을 확률은 거의 없다고 결론지었어요. 빈자리들이 있을 개연성이 더 높았지요. 모든 결정이 다 그렇지는 않아요. 우리의 친척인 은할로겐족 원소들은 반대예요. 나의 사촌인 취화은은 빛에 민감하여 인화지에 이용되고 있지요.

그리고 나서 학자들은 다른 명제들에 대하여 빈자리 명제를 변호해야 했어요. 가령 전자가 모든 결정 구성 요소들 사이에 끼어 있으

Fig. 1

Einbau von K in KCl entsprechend Annahme A (a):

K⁺ Cl⁻ K⁺ Cl⁻ K⁺ Cl⁻

$\{K^+e^-\}$

Cl⁻ K⁺ Cl⁻ K⁺ Cl⁻ K⁺

K⁺ Cl⁻ K⁺ Cl⁻ K⁺ Cl⁻

Fig. 2

Einbau von K in KCl entsprechend Annahme B→ $A(b)$:

K⁺ Cl⁻ K⁺ Cl⁻ K⁺ Cl⁻

Cl⁻ K⁺ Cl⁻ K⁺ e⁻ K⁺

K⁺ Cl⁻ K⁺ Cl⁻ K⁺ Cl⁻

원본 원고를 보면 학자들이 타자기로 역사를 만들어왔음을 알 수 있다. 1936년 물리화학자 카를 바그너와 발터 쇼트키는 여러 소금 결정의 아름답고 부드러운 색깔(여기서는 염화칼륨)이 금속 원자(K^+e^-)로부터 생겨나는지, 할로겐의 빈자리(e⁻)로부터 생겨나는지 토론하였다. 둘 중 어떤 것으로 인한 현상이든 전자는 필요했다.

며 이웃한 구성 요소들이 전자를 힘껏 잡아당겨 전자가 빈자리 같은 준비된 침대로 들어가지 않고 자신의 침대를 만들 것이라는 가설이 있었어요. 오늘날 그것을 폴라론(Polaron)이라고 부르지요. 그와 같은 것은 정말로 있답니다. 하지만 컬러센터를 설명하는 데는 적합하지 않지요.

이 모든 것은 1937년 폴 팀의 광범위한 실험과 측정을 바탕으로 최종적으로 인식되었어요. 폴은 계속하여 이런 빈자리 이론을 거부했지만요. 자연의 그런 모델 혹은 상은 폴에게는 너무 임시적인 것으로 보였어요. 폴은 컬러센터의 비밀이 명확히 풀리지 않는 한 고집스런 실험가로 남고자 했어요. 빈자리 명제는 1953년에 이르러 더 확실하게 증명되었어요. 전자스핀 공명이라는 초현대적이고 복잡한 방식으로 말이지요. 그로써 빈자리에 전자가 있다는 것이 비로소 확실해졌어요. 과학은 그래요. 확실하게 증명되기 전에 오랫동안 확신을 토대로 작업이 이루어진답니다."

"지구의 공전설도 그랬어요." 다이아몬드가 말했다. "그것은 1838년에야 비로소 제대로 증명되었어요. 하지만 오래전부터 어떤 학자도 그에 대해 의심하지 않았었죠."

규소와 반도체 형제

"드디어 규소님의 이야기를 들을 차례예요." 산화규소를 함유하고 있는 몇몇 미네랄들이 말했다.

"소금님의 이야기 잘 들었습니다. 그럼 이제 저와 저의 반도체 형제들에 대해 몇 가지만 추가해볼게요. 우선 반도체가 과연 무엇인가 하는 것은 1931년부터 서서히 규명되었어요. 그 후 몇 년간 규소는 소금과 다른 절연 결정의 아주 가까운 친척으로 여겨졌지요. 절연체, 반도체, 금속으로 구분하는 것은 1945년 이후에야 중요해졌어요. 그러나 기술적으로 규소는 그 이전부터 인기가 있었어요. 셀레늄은 1900년 초부터 노출계에 이용되기 시작했고요. 몇몇 다른 결정들은 초기 전기 기술에서 광석검파기로 사용되었어요. 결정들은 1926년부터는 특히 중요해졌어요. 그때부터 셀레늄이나 산화구리를 이용해 정류기가 제조되기 시작했거든요. 결정들이 전류를 양 방향이 아닌, 한 방향으로만 흐르게 했던 것이죠. 즉 교류를 한 가지 방향으로만 흐르는 직류로 변화시킬 수 있었어요. 이것은 당시 이미 전기 신호 기술에 매우 중요했지요."

"전에는 신호 기술이 어떻게 이루어졌는데요?" 몇몇 광물들이 물었다.

"가스로 채워진 전자관이나 수은정류기가 이용되었죠. 하지만 이것은 소모적이고 자리도 많이 차지했어요. 그러나 새로운 셀레늄이나 산화구리 정류기는 그것들이 왜 전류를 한 방향으로만 움직이게 하는지 그 원리를 아무도 알지 못했어요. 그 정류기들을 제조하는 것은 거의 마술이었죠. 호기심 많은 학자들과 좋은 제품을 생산하고자 하는 기업가들에게는 매우 불만족스럽게 말이에요. 그리하여 학자들은 산화구리에 대한 고집스런 연구를 시작했어요. 그리고 결국 당시 베를린 지멘스 연구소의 팀장이었던 발터 쇼트키가 몇몇 동료, 직원들과 더불어 수수께끼의 해답을 발견했어요. 산화구리에도 소금처럼 빈자리가 있었던 거예요. 여기서 앞서 이뤄졌던 소금에 대한 연구가 많은 도움을 주었죠."

"그리고 그 연구가 다시 소금의 빈자리 이론에 중요한 자극을 주었고요." 소금이 맞장구를 쳤다.

"하지만 산화구리의 빈자리는 음성을 띠는 산소의 빈자리가 아니었어요." 규소 결정이 설명을 이어갔다. "반대로 양성을 띠는 구리의 빈자리였지요. 그리로는 전자가 들어갈 수 없었어요."

"왜요?" 순진한 몇몇 반도체 재료들이 외쳤다.

"양성을 띠는 구리 이온이 없어졌으니까 산소 이온만 있는 음성을 띠는 환경이 남은 거예요. 따라서 빈자리는 음전하처럼 작용했지요. 이런 자리는 전자를 밀어내요. 그래서 전자는 빈자리에 빠질 수 없었지요. 하지만 1930년경 그곳에 빠질 수 있는 다른 것이 발견되었어요. 그것은 전자들과 마찬가지로 움직일 수 있지만 양전하를 띠는 전자 구멍이었어요. 그것을 '정공'이라고 하죠. 오늘날 자유로워진 전자로 인해 전류가 흐르는 것을 n(negative)형 반도체라고 하고, 정공으로 인해 전류가 흐르는 반도체를 p(positiv)형 반도체라고 한답니다. 따라서 구리 이온의 빈자리를 그런 양성을 띤 정공이 메꾸는 거예요. 언뜻 들으면 좀 이상하지만요." 규소 결정은 주변의 헷갈려 하는 얼굴들을 보며 말을 중단했다. "산화구리와 구리를 접촉시키면 둘 사이에는 1/1000밀리미터 두께의 공핍층이 생겨요. 구리 전자와 산화구리 정공이 만날 때 생겨나지요. 이런 공핍층은 정류기의 콜럼버스의 달걀이었어요. 하지만 더 많은 이론으로 여러분을 힘들게 하지는 않을게요."

"휴……." 소금이 한숨을 내쉬었고, 규소가 차분한 목소리로 말을 이었다. "소금에게서 시험되었던 많은 연구 방법들과 결정 성장법은 규소 결정에도 받아들여져 계속 발전되었어요. 광학적인 방법들은 유감스럽게도 사용될 수가 없었지요. 우리는 모두 불투명하니까요. 빈자리의 전자가 아니라 원자에 붙은 전자가 결정적인 역할을 한다는 폴의 생각은 소금의 경우에는 틀린 것으로 드러났지만 마이크로 전자공학에서 아주 중요해졌어요. 규소 결정에서는 결정의 구성 요소 대신 소위 빈자리에 들어온 낯선 원자가 문제였으니까요. 그것은 루비를 붉은색으로 만드는 크롬처럼 우리의 아름답고 깨끗한 옷에 묻은 불순물이었어요. 그리고 소금의 전자 구멍에 상

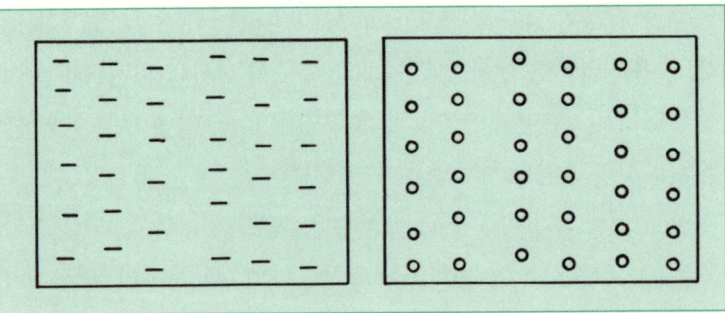

왼쪽: n형 반도체 결정(불순물 원자로부터 결정 내부로 흐를 수 있는 음성을 띠는 전자들을 그림에서 '–'로 표시했다.)

오른쪽: p형 반도체 결정(정공은 'o'로 표시했다. 여기서는 불순물 원자들의 최외각전자가 결정 원자의 최외각전자보다 더 적다. 정공은 양전하로 방랑한다.)

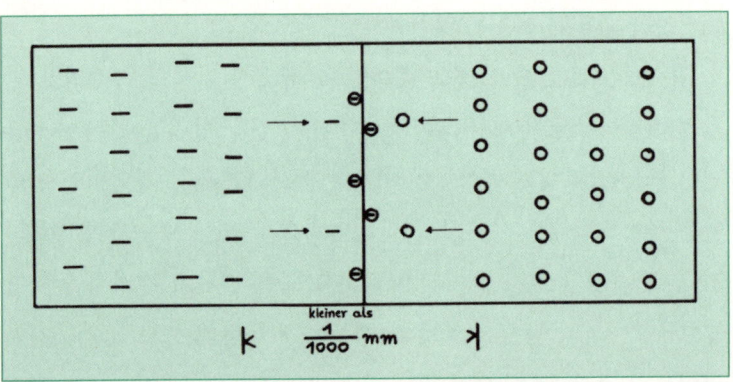

n형 반도체 결정(–)과 p형 반도체 결정(o)를 완전히 밀착시키면 1/1000mm의 공핍층에서 전자들과 정공들이 서로 '소멸된다'. 그리하여 절연층이 생겨난다. 여기서 전하는 더 이상 존재하지 않게 되며, 따라서 전류가 흐르지 않는다.

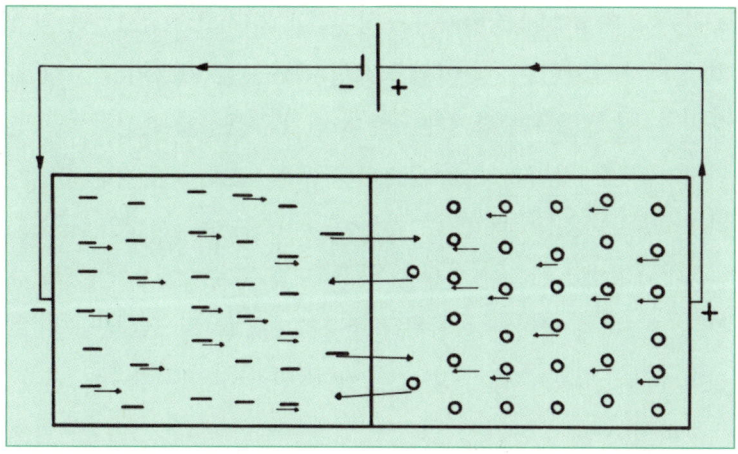

n형 반도체 결정(−)에 −전압을, p형 결정(o)에 +전압을 걸어주면, 공핍층, 즉 절연층이 좁아진다. 그리
하여 전하 캐리어(−, o)는 이런 좁아진 공핍층을 넘어갈 수 있고, 전류가 통한다.

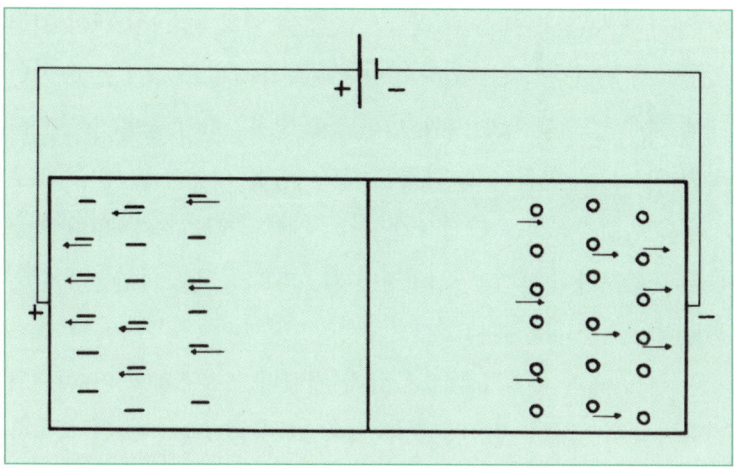

전압을 반대로 걸어주면 양전하 음전하가 결정층에서 도망하여, 공핍층이 넓어져서, 절연층이 확대된다.
따라서 전류가 흐를 수 없다.

응하는 것은 규소에겐 원자의 구멍이었죠. 하지만 소금보다는 장애가 심하지 않았어요. '바이에른 사람 백만 명당 프로이센 사람 천분의 일'에 해당하는 장애가 규소의 전기적 특성을 결정적으로 변화시키는 것이었어요. 가령 규소의 구성 성분보다 최외각전자가 하나 더 많은 비소를 불순물로 넣어봐요. 비소는 유독하지만, 규소를 마이크로칩으로 만들기 위해 오늘날에도 아주 중요해요. 비소는 나한테 붙자마자 남아도는 전자를 방출해요. 그런 '기부'로부터, 그러니까 규소의 순수한 구성 요소 백만 개당 하나의 '불순한 전자'로부터 전자전도(물체에서 운동하고 있는 전자에 의한 전기전도)가 발생해요. n형 반도체가 되는 것이지요. 반면 규소의 구성 성분보다 최외각전자가 하나 적은 불순물을 넣으면 정공전도(정공에 의한 전기전도)가 나타나고 p형 반도체가 돼요. 그런 서로 다른 층을 n형/ p형/ n형 이런 식으로 연달아 연결한 것이 트랜지스터지요."

"잠깐만요." 게르마늄이 처음으로 입을 열었다. "규소님이 지금 이야기한 트랜지스터는 소위 접합 트랜지스터예요. 그것은 1950년대에 아주 중요했지요. 현대 마이크로 전자공학의 증폭기 부품도 그런 원칙으로 만들어요. 하지만 게르마늄을 이용한 트랜지스터로 마이크로 전자공학을 탄생시킨 쌍극 트랜지스터는 약간 달랐어요. 좀더 불완전하긴 했지만요. 하지만 최초의 자동차도 불완전했지만, 결정적인 혁명이었잖아요."

"나는 견해가 좀 다른데요." 규소 결정이 조심스럽게 이의를 제기했다. "혁명적인 것은 최초의 것이 아니라 기술적·산업적·사회적 변화예요. 1900년 이전에 벤진자동차와 겨루었던 전기자동차는 전기 운송수단의 혁명으로 이어지지 않았어요."

게르마늄이 대답했다. "유감스럽지만, 오늘날 많은 사람들이 그래도 그것을 혁명의 시작으로 보고 있어요. 환경오염과 석유 자원의 부족에도 불구하고 아직까지 그 혁명이 본격적으로 시작되고 있지는 않지만 말이에요. 하지만 규소님 말씀도 기본적으로는 옳아요. 다만 나는 쌍극 트랜지스터처럼 계속적인 커다란 발전을 배태하는 발명들도 특별하다는 걸 이야기하고 싶을 뿐이에요."

"그야 여부가 있겠습니까." 규소가 단도직입적으로 말했다. "나의 중요성은 전쟁을 통해 부각되었어요. 끔찍한 2차 대전으로부터 말이에요. 그것을 부인하는 것은 의미 없는 일일 거예요. 당시 레이더 장치의 개발로 레이더 수신기가 필요했고, 그것을 위해 규소로 만들어진 작은 정류기 결정들인 다이오드가 개발되었어요."

"레이더가 뭐지요?" 초록색 에메랄드가 물었다.

"레이더(Radar)는 'radio detecting and ranging'의 약어예요. 전파 신호를 수신하고 그 위치를 추적하는 장치죠. 100킬로미터 떨어진 곳에서도 전파를 통해 적군 비행기들을 탐지할 수 있었어요. 전파를 적진 방향으로 보내고, 비행기의 금속 표면에서 반사되는 전파를 다시 포착하게 되는 것이지요. 따라서 갈릴레이 당시에 그렇게 중요했던 망원경이나 비슷했어요. '광선'을 스스로 보내는 것만 다를 뿐.

레이더는 전쟁 초기에 이미 2~12미터 파장의 전파로 만들어졌어요. 선박 레이더는 80센티미터 파장으로 만들어졌죠. 반사된 전파를 포착하는 데는 라디오나 텔레비전이 활용되었어요. 하지만 성능 좋은 증폭기가 달린 굉장히 커다란 안테나를 설치해야 가능했죠. (여기에서 곧 우주로부터 오는 전파를 탐구하는 전파천문학이 탄생했어요.) 이제 이런 파가 짧을수록 그것을 그렇게 크지 않은 반사경으로 묶을 수가 있었어요. 그리하여 특정한 방향으로 보낼 수 있었고, 그만큼 위치를 정확히 탐지할 수 있었지요. 다가오는 비행기의 방향뿐 아니라 높이, 거리, 속도까지 말이에요. 잠수함을 탐지하는 데에도 짧은 파장, 특히나 10센티미터 이하의 짧은 파장이 유용했어요. 여기서 송신 안테나들은 다발진 송신을 위해 더 작아지고, 측정은 더 정확하게 이루어졌죠. 그것은 비행기에서 잠수함을 수색하는 일에 아주 유용했어요. 파장이 짧으면 바다 위로의 사정거리도 더 커지지요. 영국인들과 미국인들은 짧은 파장의 전파를 먼저 투입했어요. 독일인들이 아직 모르고 있을 때 말이죠. 독일 잠수함 200대가 탐지되었고 침몰되었어요. 결국 1943년 초에 독일인들은 로테르담에서 추락한 영국 폭격기를 수색했고 거기서 놀랍게도 9센티미터 파장의 레이더 송수신기를 찾아냈어요. 빛이 인식되었고 추적하기 시작했지요.”

떨고 있는 게르마늄

“그런데 친애하는 게르마늄, 당신은 어디에 있어요?” 소금이 물었다.

“전자관으로 된 전파 수신기는 그런 단파를 수신할 수 없었어요. 단파는 1초 사이에도 이리저리 아주 빨리 진동했지요. 그것을 고주파라고 해요. 전자관의 부품 사이, 소위 전극 사이의 간격은 넓고, 그리하여 전자들의 러닝 타임은 고주파를 수신하기에는 너무 길어요. 하지만 게르마늄이나 규소 같은 반도체 결정에서는 달라요. 전문용어로 말하면 우리의 경우 훨씬 더 용량이 적지요. 따라서 전쟁 참가국에서는 곧 게르마늄과 규소에 대한 연구가 진행되었어요. 폴 밑에도 그런 연구팀이 있었지요. 대표인 폴은 연구팀이 정확히 무슨 일을 하는지 알지 못했지만 말이에요. 그리고 연구는 게르마늄 다이오드를 생산하는 산업으로 이어졌죠. 하지만 전쟁 중에는 다이오드, 증폭 결정 같은 것에는 관심이 없었어요."

"한 가지는 기뻐해도 되겠군요. 당신이 전쟁을 끝내는 데 그렇게 결정적인 역할을 하지 않았다는 사실 말이에요." 소금이 말했다.

"인류 역사의 어두운 시대에 태어나 어떻게 행운과 불운을 가늠할 수 있겠어요." 게르마늄이 탄식했다. "다행히 전쟁 후 사람들은 전쟁 전에 가졌던 소망들을 기억했지요. 증폭기, 전기 결정회로…… 신호 기술은 또한 변화무쌍해요. 이제 신호 기술은 다시금 민간에서 이용되게 되었지요. 당연하게도 전쟁의 승자인 미국이 민간 산업 발전의 주도권을 쥐게 되었죠. 미국은 유럽에 비해 부유했고, 미국의 특별 부대는 기존의 연구소를 다 뒤져 게르마늄과 규소를 수색했어요. 그리하여 1948년 뉴욕으로부터 좋은 소식이 전파되었어요. 최초로 게르마늄 결정을 이용한 전파 증폭기인 쌍극 트랜지스터가 만들어졌다는 소식이었지요.

정확히 말하자면 1947년 크리스마스였어요. 독일 사람들은 크리스마스 케이크도 만들지 못하고 배고픔에 시달리던 때였죠. 통신업계의 거인 AT&T의 벨 전화연구소에서 그런 성과가 이루어졌어요. 여기서 윌리엄 쇼클리, 조지 브래튼, 존 바딘은 야금학자, 물리학자, 화학자, 기술자들과 함께 일했지요. 그들은 결정 안에서 음전기장 또는 양전기장을 통해 전자의 길을 좁히거나 넓힐 수 있다면 전류를 약하게 혹은 강하게 조종할 수 있을 거라고 생각했어요.

좋은 생각이었어요. 그것은 전계효과(전기장 효과) 트랜지스터로 이어졌지요. 하지만 시간이 좀 걸렸어요. 1952년에 개발되어 1960년이 지나서야 실용화되었죠. 전쟁 직후에는 아직 이런 간단한 길이 열리지 않았어요. 전기장들은 전하에 전혀 영향을 끼치지 못했어요. 어떤 일이 일어났을까요? 흐르는 전하들은 서로를 방어했어요. 그들은 좌우에서 '방어군'을 구성했지요. 그것들은 게르마늄 표면에 머물러서 내부를 차폐하는 전하들이었어요. 내부에서 흐르는 전류를 둘러싸고 보호하는, 전기로 된 새장이었죠. 그러나 또 다른 문제들이 있었어요.

어쨌든 게르마늄 표면은 이제 모든 기술적 기준에 의거하여 철저하게 연구되었어요. 가령 빛은 이런 '방어군들'에게 영향을 미쳤죠. 표면에 떨어지는 절연 액체도 마찬가지였어요. 학자들은 여기서 심지어 전계효과를 발견했어요. 하지만 그것이 전류에 미치는 영향은 미미해서, 초당 8회의 전류 교환, 즉 8헤르츠에만 활용될 수 있었어요. 바닥에 사용된 액체 속의 느린 이온들 때문이었을까요? 따라서 학자들은 이런 금속 대신 곧 가장 좋은 것, 즉 금을 투입했어요. 금은 나의 표면에 증착되었지요. 그리고 언제나처럼 금 아주 가까이에 두 번째 접점이 있었어요. 그리로부터 전류가 나의 바닥면의 세 번째 접점까지 흘렀어요. 그리고 이제 금에 작은 양성(+) 전압을 걸어주면 전류는 접점 2에서 접점 3으로 강하게 증가되었죠. 유레카! 바로 이것이었어요. 유감스럽게도 전계효과에 근거하여 기대되던 것과는 정확히 반대로 되었죠.

결과적으로 두 전기 접점들은 아주 가까이 있어야 했어요. 약 20분의 1밀리미터 간격으로 나란히 나의 표면과 접촉되어야 했죠. 그리고 세 번째 접점은 아래쪽 바닥의 베이스 패드예요. 위쪽에 접촉되어 있는 두 전극은 이미터(emitter), 컬렉터(collector)라 불렸고, 아래는 베이스(base)라 불렸죠. 이미터에서 베이스로 흐르는 큰 전

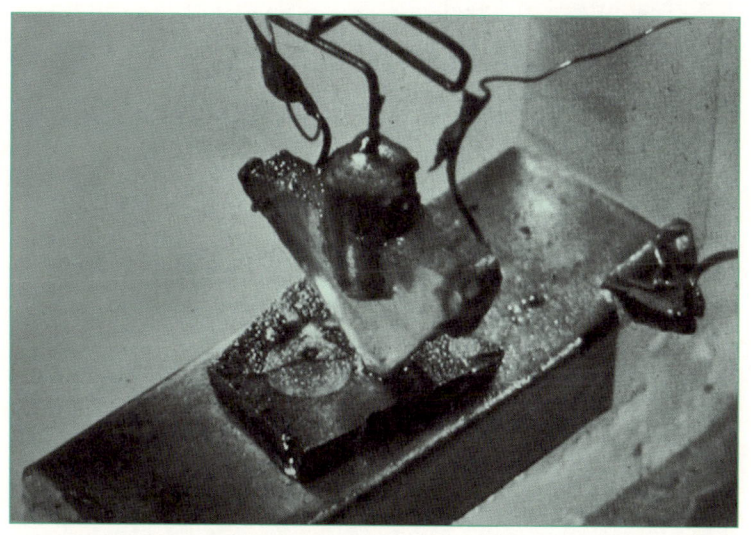

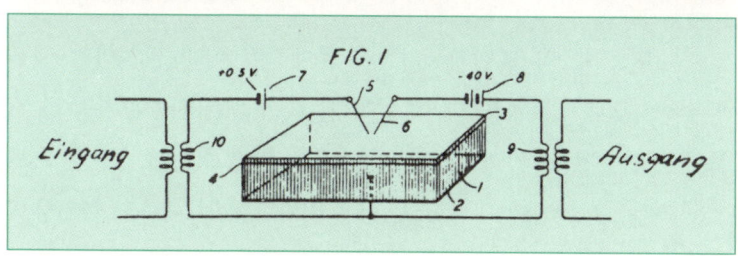

마이크로 전자공학의 출발점. 1947년 크리스마스에 탄생한 최초의 트랜지스터이다. 독일 특허(아래 사진)에서는 결정에 서로 나란히 위치한 두 개의 전극을 볼 수 있다. 1947년에 고안된 트랜지스터(위 사진)에서는 트릭이 활용되었다. 삼각형 끝에 금박이 입혀져 있고, 이것은 면도칼로 나란히 이웃하게 나뉘었다.

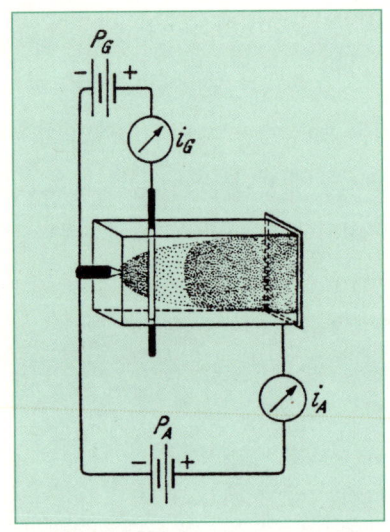

트랜지스터가 고안되기 10년 전인 1937년에 탄생한 최초의 결정 증폭기. 전자구름이 왼쪽의 뾰족한 전극에서 오른쪽의 납작한 전극으로 이동한다. 수직을 이룬 전선의 연결 방식에 따라 전자구름이 통과되거나 막힌다. 이것이 예로부터 알려진 증폭관의 원칙이었다.

류는 컬렉터의 작은 전류를 통해 확대되거나 약화될 수 있었어요. 원하는 만큼 빨리 말이에요. 이것이 바로 사람들이 원하는 것이었죠. 40년 전부터 약하고 깨어지기 쉽고 느린 전자관으로만 가능한 일이었어요. 또한 전자관은 가열해주어야 그런 기능을 할 수 있었기 때문에 오븐처럼 열이 많이 났고 전류를 많이 소비했지요."

규소 결정이 자랑스럽게 외쳤다. "맞아요. 우리에겐 커다란 이점이 있었어요. 훨씬 더 작고, 에너지 소비도 덜하고, 온도차도 거의 없고, 회로 속도도 더 빠르고."

"하지만 최초의 트랜지스터들은 문제점이 아주 많았다는 것을 인정해야겠네요." 게르마늄이 말했다. "그것들은 진공관처럼 큰 전류에는 이용될 수 없었어요. 또한 잡음이 많아 확성기로 들을 수도 있었죠. 높은 전압에 민감했고, 열에 취약했어요. 예측도 불가능했고요. 게다가 가격도 비쌌지요. 1953년에 진공관보다 8배나 더 비쌌죠. 그래서 처음에는 보청기 같은 특별한 곳에만 사용되었어요. 그러다가 1952년부터는 접합 트랜지스터가 이런 불안전한 쌍극 트랜지스터를 대체하게 되었죠. 그러고 나서 트랜지스터라디오와 컴퓨터 혁명이 시작되었어요."

"이제 천천히 제가 전면에 나서게 되는군요. 1956년부터는 말이에요." 규소가 말했다.

"하지만 아주 서서히요!" 게르마늄이 이의를 제기했다. "1959년의 최초의 집적회로는 게르마늄으로 되어 있었어요. 1965년에만 해도 미국에서 게르마늄으로 된 트랜지스터가 규소로 만들어진 것보다 더 많이 팔렸죠."

"그래요. 게르마늄님은 할 이야기가 더 있으시겠죠. 1970년까지는요. 하지만 어쨌든 세대교체가 시작되었어요. 군대에선 비용보다는 신뢰성이 중요했지요. 1952년 후에 신뢰성은 곧 확보되었어요. 몸집이 작고 신속한 것으로 대표되는 우리의 특성은 거기서 특히나 중요했어요. 그리하여 1960년경에는 반도체의 50퍼센트가 군대에 의해 매점되었어요. 그 후에야 비로소 민간화되었죠. 규소의 이점은 군사적으로 매우 중요하게 보였어요. 게르마늄은 섭씨 70도까지만 사용할 수 있지만 규소는 130도에서도 끄떡없으니까요."

"대신 규소는 가공과 정련 작업이 더 힘들었어요. 규소는 섭씨 1415도에서야 녹으니까요. 하지만 게르마늄은 937도면 녹거든요." 게르마늄이 받아쳤다. "그리고 규소의 경우 장애를 일으키는 원자들이 쉽게 스며들어 끔찍한 결과를 초래해요. 붕소 문제만 해도 그래요. 몇십 억의 인류에 대해 '프로이센인 한 사람'이 세력을 떨칠 수 있어요."

"그 문제는 50년대에 이미 해결되었어요." 규소는 별일 아니라는 듯 어깨를 으쓱했다. "제일 중요해진 것은 그러나 내 옷의 특성이었어요. 규소 원자와 산소 원자로 짜인 옷 말이에요."

"뭐라고요?" 여러 광물이 외쳤다. "산화규소는 바다와 땅 도처에 모래로 존재하잖아요. 그것이 가장 중요해졌다고요?"

"그래요. 최초의 게르마늄 트랜지스터의 난점을 기억하나요? 표면에 진을 치고 모든 전계효과를 방해했던 전하들 말이에요. 그런 건 내게 없어요. 산화규소는 완벽한 층이에요. '방어군'이 둥지를 틀 수 없지요. 산화규소는 세계의 모든 모래에서 볼 수 있는 것처럼 화학적으로도 매우 안전해요. 그리고 아주 얇은 층으로 쉽게 가공할 수 있어요. 이런 발전은 모두 1970년에 연속적으로 이루어졌어요. MOS(Metal oxide semiconductor) 기술은 빠르게 진행되었죠. 더 이상 트랜지스터, 콘덴서 등 각각의 광소자들을 까다롭게 정렬할 필요 없이 칩 하나에 10개, 100개, 1000개의 작은 구성 성분을 집적할 수 있으니 제조 과정이 훨씬 간단해졌고 생산비도 절감되었어요. 그리하여 오늘날의 퍼스널 컴퓨터가 탄생했죠. 아주 작은 컴퓨터가 1950년대 방 안을 가득 채웠던 유니박(UNIVAC), 페름(Perm) 등과 같은 거대한 계산기만큼 성능이 좋아진 거예요. 그리하여 갈륨비소 같은 반도체들이 발견되었음에도 불구하고 규소는 오늘날 여전히 마이크로칩의 대명사랍니다." 규소는 자못 뻐겼다. "컴퓨터는 계산을 더 잘 수행할 수 있었을 뿐 아니라, 체스를 둘 수도 있고, 글을 쓸 수도 있고, 행정적인 일을 할 수도 있고, 전문 지식들을 저장할 수도 있어요. 예기치 않던 과제까지 척척 해내지요. 그래서 부기계원, 식자공, 타이피스트 등의 직업이 사라지기도 하고 프로그래머 같은 직업이 탄생하기도 했어요."

"로켓도 컴퓨터로 조종되지요." 다이아몬드가 냉소적으로 덧붙였다.

"다이아몬드의 역사에는 얼마나 많은 피가 얼룩져 있나요?" 규소가 되물었다.

"나로 인해 싸우고 죽이고 한 이들은 인류의 극소수에 불과했어요." 다이아몬드가 대답했다.

"나는 낙천적으로 봐요. 스스로를 공중 폭파하지 않으려면 인류는 이성적으로 행동해야 할 거예요. 규소를 이용한 컴퓨터는 여기서도 도움이 될 수 있을 거예요."

그로써 광물들의 천한 번째 밤은 끝이 났다. 10억 밤이 지난 후 그들이 인류에 대해 다시 무엇인가를 이야기할 수 있을까? 그때가 되어도 지구는 여전히 존재할까?

• **보석** : 다이아몬드, 에메랄드, 루비처럼 장신구로서 특별한 가치를 갖는 결정들. 드물게 존재하며 빛 속에서 특별한 특성을 갖는다(광선의 높은 굴절률, 색분산, 아름다운 색). 그러나 모든 금속과 다른 많은 고체들도 결정으로 이루어져 있다. 단 그 결정들은 불규칙적으로 유합하여 빛은 통과시키지 않는다.

• **전자관** : 엷은 가스로 채워진, 안에 (최소한 세 개의) 금속판 전극을 끼워 넣은 작은 유리관. 전자관으로 전류를 조종하거나 증폭할 수 있다. 1900년경 발명되었다. 오늘날에는 라디오와 증폭기 등에서 마이크로 전자공학으로 거의 완전히 대체되었다.

• **정류기** : 전류를 한 방향으로만 통과시키고 다른 방향에서는 차단하는 전자부품. 결정이 정류 효과를 가질 수 있음은 1874년에 이미 인식되었다. 그로부터 라디오의 증조부 격인 광석검파기(crystaldetector)가 개발되었다. 여기서는 금속침과 반도체 결정(가령 황철석)이 접속된다. 1926년 이래 접합 정류기로서 (산화구리와 셀레늄을 이용한) 결정 정류기가 탄생하였다. 결정 정류기는 더 큰 전류에 적합하다. 2차 대전에서 레이더 파를 수신하기 위해 게르마늄다이오드와 실리콘(규소)다이오드가 개발되었다. 2차 대전 후 이런 부품은 접합형 다이오드로 더 큰 전류에 사용할 수 있도록 개발되었다.

• **집적회로** : 트랜지스터, 다이오드, 콘덴서, 회선 등 전기회로 소자들을 정밀

하게 만들어 하나의 기판에 부착시킨 것. 자리, 재료, 전류를 아끼기 위함이다.

- 폴, 로베르트 비하르트(1884~1976) : 괴팅겐의 실험물리학자로 우리에게 마이크로일렉트로닉스를 선사한 현대 고체물리학의 '아버지' 중 한 사람. 일생 동안 소금과 소금의 친척 결정들을 연구했다. 꼼꼼한 실험가 뢴트겐을 모범으로 여기며 이론보다는 정확한 실험을 모든 학문적 진보의 토대로 여겼다. '이론은 오고 가지만 현상은 남는다'는 것이 그의 모토였다. 그리하여 이론가였던 발터 쇼트키를 불신했다. 그러나 1935년까지 폴의 연구는 거의 주목 받지 못했다. 당시 학계는 새로운 원자물리학에 열광하고 있었다.

- 쇼트키, 발터(1886~1976) : 로스토크의 이론물리학자. 베를린 지멘스에 근무했고 1945년 이후에는 에를랑겐의 지멘스에 몸담았다. 스스로를 '원자 이론가'이자 '전기 엔지니어'라 칭했다. 물리학 연구로부터 망원경이나 공기펌프 같은 개별적인 도구가 탄생된 적은 있지만 전자공학이라는 새로운 기술 분야가 태동한 것은 처음 있는 일이었다. 화학에서는 19세기에 처음으로 화학 연구로부터 기술 화학이 탄생하였다.
쇼트키는 연필과 수학으로만 일하는 이론가는 아니었다. 그가 이끌었던 지멘스 연구실에서는 중요한 실험적 연구들이 많이 진행되었다. '쇼트키 다이오드'는 오늘날에도 명성이 높다. 그러나 쇼트키의 광범위하고 우회적이고 세밀한 이론적 연구들은 대부분의 동료들에게 소화하기 힘든 것이었다. 짧고 함축성 있는 표현을 좋아했던 폴은 쇼트키의 30페이지에 이르는 긴 편지를 혐오스러워했다.

- 트랜지스터 : 전자관의 대용품으로 1947년 말에 발명되었다. 처음에는 게르

마늄 결정으로, 나중에는 실리콘(규소) 결정으로 만들어졌으며, 세 개의 접합(베이스, 이미터, 컬렉터)을 가지고 있다. 오늘날 트랜지스터는 라디오 등에서 집적 회로로 대체되고 있다.

8

나노 세계의 모험

핵 기술은 어떻게 시작되었을까?
원자의 구조를 밝히다
일조분의 일 밀리미터에서 나오는 에너지
무시무시한 작은 태양을 만들다

chapter 8

핵 기술은 어떻게 시작되었을까?

때는 2030년 6월 21일이었고 몇 년 전에 설립된 '세계 의회'에 최초로 닥쳐온 힘든 시련기였다. 14일 전에 두 개발도상국의 끄트머리 땅에서 발발한 전쟁이 지구를 완전히 파괴의 끝자락으로 몰아갈 기세였다.

원전 폭격 금지 조약이 있었다. 더 오래된 화학무기 금지 조약도 있었다. 그러나 한쪽이 화학무기 금지 조약을 깨고 유독가스로 적국의 수도를 공격했고, 많은 민간인들이 끔찍하게 희생당했다. 그러자 패닉 상태에 빠진 상대국 지도부의 답은 핵 조약을 깨는 것이었다. 그들은 적국의 원자력 시설을 공격했다. 가공할 방사성 구름이 폭격 받은 핵발전소로부터 이웃 나라로 번져갔다. 그리고 그것은 다시금 보복으로 이어졌다. 열강이 개입했고, 핵무기가 투입되었다.

이 시기 세계는 폭파력이 2차 대전에 사용되었던 모든 폭탄의 만

배에 이르는 핵무기들을 공식 보유하고 있었다. 등록되어 있지 않은 핵무기들도 많았다. 핵발전소의 모든 협약과 감독을 무시하고 저개발국들에서 제조된 것들이었다.

6월 18일 전 세계의 학자, 예술가, 사상가 수천 명이 들고일어났다. 의사소통의 신기술로 인해 그런 빠른 반응이 가능했다. 그들은 동시대인들에게 전쟁 주도국과의 모든 상거래를 중단할 것을 요구했고, 곧 세계 의회를 소집하고 임시 휴전을 결의할 것을 촉구했다.

세계 의회가 소집되어 핵에너지의 유익과 오용에 대한 문제가 제기되었다. 핵기술은 어떻게 시작되었던가? 일찌감치 미래의 과학 발전과 사회의 책임에 대한 교훈을 얻을 수는 없었을까? 그리하여 전쟁을 피하는 데 일조할 수는 없었을까? 세계 의회는 자문을 구하기 위해 저명한 학자 두 사람을 초대했다. 여류 물리학자 리제 한과 역사가 야콥 만이 그들이었다. 리제 한이 먼저 입을 열었다.

"핵에너지를 오용하고자 했던 사람은 극소수입니다. 핵에너지는 인식과 휴머니티를 향한 새로운 진보였죠. 갈릴레이의 떨어지는 돌들도 포탄의 비행보다는 우주와 기계에 대한 최초의 인식에 중요했습니다. 전기적인 과정들은 우주와 기상학에서 중요하고, 집안일과 통신기술에 유익하며, 그 후에야 군사적으로 이용되었지요. 어디서부터 시작할까요? 우리의 지구를 그토록 파멸에 가까이 몰아넣은 원자폭탄에서요? 아니면 평화로운 목적을 갖고 있지만 또한 불행의 씨가 되었던 원자력 발전소에서요? 어쨌든 이런 전개에 책임이 있는 것은 자연법칙이나 도구가 아니라, 인간이었습니다.

학자들은 1919년에 이미 원자핵을 변화시킬 수 있다는 걸 알았어요. 비금속으로 금을 만들고자 했던 연금술사와 마법사의 꿈이

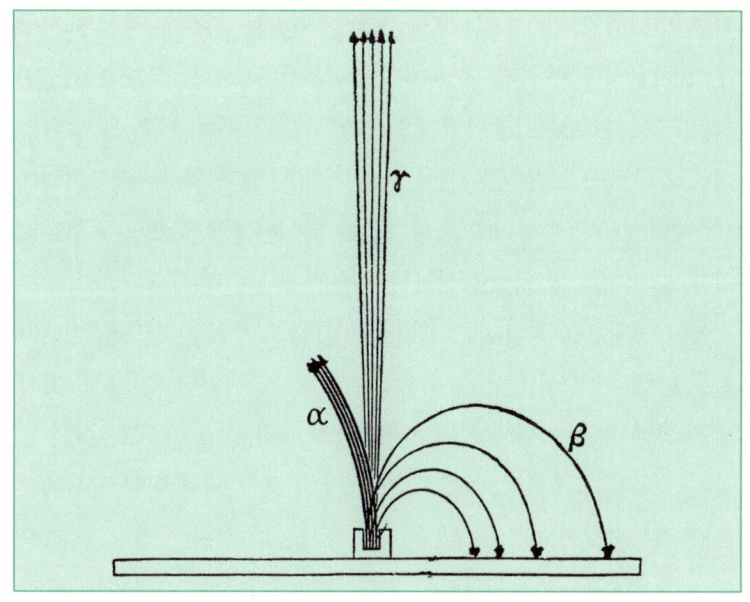

방사능 물질이 뿜는 세 종류의 방사선. 알파선은 무겁고 느린 헬륨 핵으로 이루어지고 자기장의 영향을 약하게 받는다. 베타선은 전자들이며 알파선보다 7천 배 이상 가볍다. 그리하여 가장 심하게 구부러진 다. 감마선은 전자기파로 전혀 굴절되지 않는다.

1919년에 현실이 되었죠. 유감스럽게도 금을 얻지는 못했어요. 질소를 헬륨 핵과 충돌시켰더니 산소와 수소로 변화되었지요. 따라서 질소 공기로부터 물의 기본 구성 성분들이 마법처럼 탄생되었던 거예요. 더 가벼운 원자핵(질소)으로부터 더 무거운 것(산소)이 만들어졌지요. 그러나 이런 식으로 한 방울의 물을 만들려면 족히 수천 년은 걸릴 터였죠.

미량의 물질을 연구하는 것은 그다지 새로운 일은 아니었어요. 1896년부터 학자들은 광물이 미지의 방사선을 방출한다는 것을 확인했어요. 종종은 광물 속에 미량으로 존재하는 특정한 물질들로

인한 것이었죠. 그 중 몇 톤의 우라늄에서 아주 적은 양을 채취할
수 있었던 라듐은 가장 유명해졌어요. 이런 물질들이 방출하는 방
사선은 세 종류로 이루어졌어요. 그것들을 알파선, 베타선, 감마선
이라고 부르지요. 알파선은 곧 헬륨 기체의 입자들임이 확인되었어
요. 베타선은 전자들이었고 감마선은 빛이나 X선 같은 전자기파였
어요. 그러나 가장 강한 X선보다도 훨씬 침투력이 강했지요.

이런 방사선을 방출하는 원자들은 스스로 새로운 것으로 변했어
요. 그것들은 마리 퀴리와 피에르 퀴리가 명명했던 '방사성' 방사
선을 통해 새로운 원소로 변화되었지요. 사람들은 이 모든 것이 얼
마나 위험한지 몰랐어요. 오토 한과 그의 팀은 30년 이상 의사에게
손만 검사받았지요. 거기서 의사가 방사선의 해를 확인할 수 없으
면 그들에게는 아무런 위험한 일도 일어나지 않은 거라 여겼어요.
그러나 많은 학자들은 이런 실험으로 인해 고통스런 죽음을 맞이해
야 했어요. 마리 퀴리도 그랬지요.

원자의 구조를 밝히다

1932년은 원자물리학의 기적의 해였어요. 믿을 수 없는 새로운
발견들이 있었지요. 이 해까지 원자핵은 수소 원자에서 양성을 띠
는 부분인 양성자라는 이름의 알갱이가 적은 수의 전자와 뒤섞여
있는 형태라고 여겨졌어요. 크기는 1조분의 1밀리미터보다 조금
큰 정도라고 생각되었죠. 그리고 음성을 띤 전자들이 아주 큰 거리
를 두고 윙윙거리는 파리떼처럼 원자핵 주위를 맴돌고 있다고 생각

되었어요. 그 거리는 천만분의 1밀리미터 정도라고요. 그러나 1932년에 학자들은 양성을 띠는 양성자 옆에서 전기를 띠지 않는 무거운 입자인 중성자와 또 하나의 작은 '파리'로서 양전하를 띠는 전자인 양전자를 발견했어요. 그밖에도 이 해에 학자들은 수소를 두 배 더 무거운 가스, 즉 듀테륨(deuterium)이라 불리는 중수소로 변화시키는 법을 알게 되었죠. 그러고 나서 최초의 입자 가속기인 사이클로트론이 발명되었어요. 사이클로트론은 원자의 구성 요소들을 원 속에서 빙빙 돌려 점점 빠르게 가속시켜 커다란 운동에너지를 발생시키는 장치였어요. 그리고 드디어 인공적으로 가속시킨 수소 핵들을 이용하여 최초로 원자핵을 변화시키는 데 성공했지요. 사이클로트론은 그런 인공적인 가속을 무난하게 해냈어요.

특히 중요한 것은 중성자였어요. 중성자를 통해 학자들은 이제 처음으로 원자핵 구조를 만족스럽게 설명할 수 있는 학문적 진보를 이루어냈을 뿐 아니라, 무지막지하게 힘 있는 조사체를 얻을 수 있었던 거예요. 중성자는 쉽게 두꺼운 원자핵의 내장으로 파고들어갈 수 있는 스파이였죠. 중성을 띠기에, 양성을 띠는 수소 핵이나 헬륨 핵으로 조사할 때와는 달리 다른 핵들이 밀어내지 않았거든요.

독일인 베르너 하이젠베르크와 러시아인 드미트리 이바넨코가 1932년 원자핵에는 자유전자가 존재하지 않는다고 주장했을 때 학자들은 열광했어요. 왜 전자가 거기에 그렇게 있어야 하는지 이해가 가지 않았었거든요. '이리저리 날아다니다가' 오래전에 서로 충돌해서 밀려났을 텐데요. 이제 중성자만이 양성자와 한패가 되었어요.

원자핵에 있는 양성자의 수(그에 더하여 원자핵 주변을 도는 '파리 떼'인 전자 수)에 따라 각 원소의 특성이 달라져요. 수소는 양성자 하나

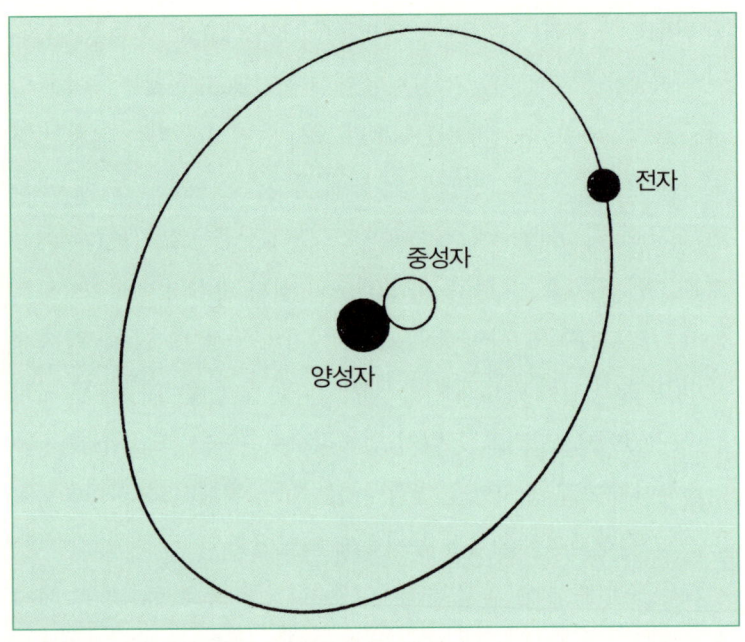

핵에 중성자 하나를 갖는 수소는 중수소 혹은 듀테륨이라고 부른다. 보통의 수소는 중성자가 없고 양성자와 전자만을 갖는다.

와 전자 하나를 가지고 있어요. 우라늄은 양성자 92개, 전자 290개를 가지고 있지요. 자연에는 아주 많은 다양한 원소들이 있어요. 그것들은 원소의 주기율표에 세심하게 정리되어 있지요. 양성자 수에 중성자 수를 더하면 소위 원소의 질량수를 얻을 수 있어요. 이것은 원소가 얼마나 무거운지를 알려주지요. 양성자와 중성자를 합쳐서 핵자라고 해요. 우라늄의 경우 238개의 핵자를 가지고 있어요. 그리하여 질량수가 238이 되지요. 수소는 질량수가 1이에요. 양성자가 하나이고 중성자는 없으니까요. 하지만 중수소인 듀테륨에는 중성자가 하나 추가돼요. 그래서 질량수는 2가 되지요. 몇 개의 중성

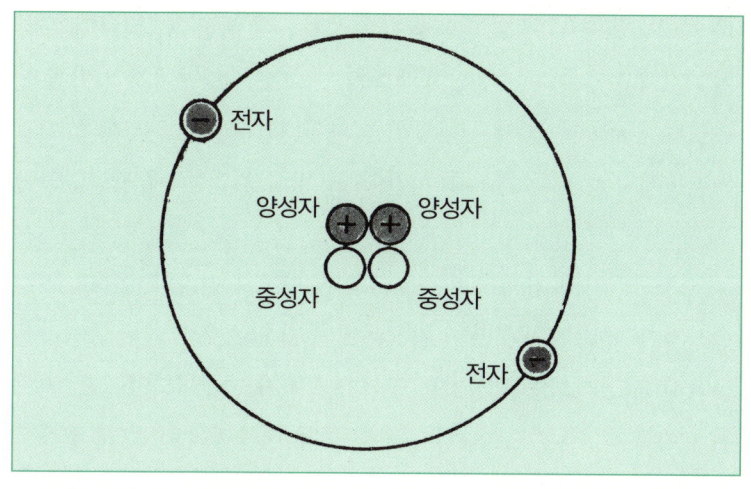

헬륨 원자는 중성자 두 개, 양성자 두 개, 전자 두 개로 이루어진다. 전자 두 개가 없는 헬륨 원자는 전기적으로 양성을 띠는 알파선이 된다.

자가 있고 없고는 화학적으로 그리 중요하지 않아요. 중성자 수가 몇 개 차이 나도 더 무겁고 더 가볍고 할 뿐, 같은 원소로 머무르지요. 이렇게 양성자 수가 같지만 중성자 수가 차이 나는 원소들을 동위원소라고 불렀어요. 오늘날 자연적인 우라늄에는 그런 동위원소가 세 개 있어요. 핵자가 238개인 우라늄, 235개인 우라늄, 234개인 우라늄, 이렇게 세 가지이지요. 거의 모든 우라늄(정확히는 99.274%)은 우라늄 238이에요. 하지만 마지막으로 발견된 우라늄 235는 나중에 핵 기술에 아주 중요해졌지요.

1930년대 엔리코 페르미는 선도적인 중성자 전문가였어요. 그는 중성자로 주기율표의 모든 원소들을 때려보는 실험을 했지요. 수소에서 불소, 은을 거쳐 우라늄까지 말이에요. 페르미는 거의 모두에서 중성자로 방사선을 만들어내었어요. 페르미는 거기서 또한 물이

나 파라핀을 통해 속도가 늦춰진 중성자들이 빠른중성자보다 효과가 100배나 강하다는 것을 발견했어요. 그것은 정말이지 기이했죠. 속도가 늦춰지면 중성자들이 더 약해질 텐데……. 원자핵이 이런 느린중성자를 포착하는 데 시간이 더 많이 걸리는 게 틀림없었어요.

그런 중성자 폭격에서 원소들은 다른 것으로 변화되었어요. 가령 중성자가 핵 속에 머무르면 자신에게 맞지 않으므로 핵이 중성자를 파괴했지요. 그러면 중성자는 양성자와 전자로 붕괴되었어요. 전자는 밖으로 튀어나갔고 양성자는 핵 속에 머물렀어요. 그래서 새로운 원소가 탄생했지요. 그리고 핵으로부터 방사성 전자선(베타선=전자)이 나왔어요. 페르미는 중성자를 통한 우라늄 폭격을 그렇게 설명할 수 있다고 믿었어요. 그때가 1934년이었어요. 양성자 92개의 우라늄으로부터 양성자 93개의 '초우라늄'이 탄생한 것이었어요. 그것은 인공적으로 만들어진 원소였어요. 이것은 양성자 수가 더 많은 초우라늄으로 '붕괴했지요'.

매력적인 일이었어요. 인간이 새로운 물질의 창조자가 되다니요. 연금술사의 꿈을 능가하는 것이었죠. 금이 제조된 것이 아니라, 완전히 새로운, 전혀 알려져 있지 않은 원소들이 창조된 것이었어요. 그것들이 계속 유지되지는 않았지만 말이에요. 그것들은 계속하여 방사선을 방출하면서 곧장 붕괴되었어요. 하지만 모든 것이 지나치게 매력적이었던 것 같아요. 초우라늄의 명제는 최소한 여기서는 유감스럽게도 틀렸어요. 페르미는 새로운 세계를 창조하는 대신 부지불식중에 고전적인 세계를 산산조각 낸 것이었어요.

마리 퀴리의 딸인 이렌 퀴리도 남편 프레데릭 졸리오와 더불어 비슷한 실험을 했어요. 그리고 그들은 1937년 그들의 '초우라늄'이 놀랍게도 란탄과 아주 비슷한 특성을 보인다는 것을 발견했어요. 란탄은 우라늄보다 양성자 수가 훨씬 적은 가벼운 원소였어요. 그리고 1938년 말부터 오토 한, 프리츠 슈트라스만, 리제 마이트너(O. R. 프리슈와 함께)가 비로소 혁명적인 걸음을 감행했어요. 초우라늄이 탄생되는 것이 아니라, 우라늄 원자가 분열한다는 것을 말이에요. 란탄이든 바륨이든 간에 우라늄 핵은 폭격으로 인해 상처가 나거나 부어오르지 않고 파괴되었던 것이에요. 이런 발견으로 물리학자들의 세계는 완전히 산산조각 났지요."

일조분의 일 밀리미터에서 나오는 에너지

여기서 처음으로 역사가 야콥 만이 끼어들었다. "이즘 또 하나의 세계도 산산조각 났어요. 문화 민족 독일의 세계 말이에요. 이것은 지구의 멸망으로 이어질 이상 심리의 전조증상이었는지도 몰라요. 나치는 모든 정신적 자유를 금했어요. 사이비과학적, 비인간적 이론을 토대로 '열등한' 인종이 분리되었어요. 유대인, 유색인, 집시, 정신병자…… 결국 수백만의 유대인이 끔찍하게 학살당했어요. 학문이라는 이름하에 말이에요. 물리학이라는 '객관적'인 학문에서도 그 유명한 아인슈타인의 상대성이론 등이 '유대인'의 이론이라고 공격을 받았어요. 저명한 학자들은 조국을 떠나야 했어요. 그렇지 않으면 실직과 박해, 그리고 얼마 안 있어 체포와 죽음이 기다리고 있었죠."

리제 한이 맞받아쳤다. "그래요. 오토 한의 가장 좋은 동료였던 리제 마이트너도 유대인이었어요. 그녀 역시 일생일대의 승리를 앞두고 죄인처럼 도망을 가야 했죠. 공식적인 여행조차 금지되었어요. 하지만 나는 우리 모두가 이런 이상심리적인 사건을 극복했다고 믿어요. 독일은 그 값을 치러야 했어요. 그리하여 학계에서도 그 비중을 많은 부분 잃어버렸답니다. 1945년, 새로운 세계가 시작되었지요."

"우리는 이런 세계에 대해 심각하게 생각해야 해요." 역사가가 말했다. "당신의 이야기를 중단시키려는 것은 아니에요. 하지만 핵무기와 평화로운 핵에너지의 위험성에 대해 침묵하진 않으시겠지요."

"또 핵에너지의 이점에 대해서도요." 리제 한이 대답했다. "그러나 거기까지 가려면 좀더 있어야 해요. 우선 핵분열이라는 커다란 발견이 어떻게 이루어지게 되었는지를 설명드려야 해요. 1938년 말부터 파리의 퀴리 부부는 오토 한 팀을 사로잡고 있는 란탄과 비슷한 특성을 보이는 '초우라늄'에 대해 골몰했어요. 그들은 실험 결과들을 해석했어요. 조사된 우라늄에서 바륨과 비슷하게 행동하는 라듐(양성자 88개)이 약간 생성될 것이고, 여기에서 란탄과 비슷하게 행동하는 악티늄(양성자 89개)이 탄생될 것이고, 여기에서 토륨(양성자 90개)이 탄생되어야 했어요. 하지만 나는 어떻게 그런 미량의 방사성 물질을 증명할 수 있는지를 설명해야 해요."

야콥 만이 고개를 끄덕였다. "아까 천 년 동안 물 한 방울도 안 생긴다고 하셨잖아요!"

"학자들은 화학적 변화와 방사선을 측정했어요. 방사화학자 오토 한과 화학자로 묶인 프리츠 슈트라스만이 '원격 팀원'인 물리학자 리제 마이트너와 연대한 가운데 이런 발견을 주도했던 것은 우연이 아니었지요. 오토 한 팀은 분별결정 등 파리의 퀴리 부부와 로마의 페르미 팀이 알지 못하는 측정 방법들을 터득하고 있었어요. 분별결정은 바륨과 라듐처럼 화학적으로 비슷한 원소들을 가령 염화물로서의 염소와 결합시켜, 수용액(조사된 우라늄과 바륨염화물이 섞인 용액)으로부터 수용액을 증발시키기 시작하면서 결정을 추출하는 방법이지요. 처음에는 라듐이 더 많이 침전돼요. 라듐의 용해도가 낮기 때문이지요. 이제 이런 추출을 조기에 중단하고 얻어진 염결정을(무엇보다 바륨을, 그러나 원래 용액에서) 다시 한 번 물에 용해하여 다시 추출하면, 다시 한 번 더 많은 라듐을 얻게 되지요. 이런 식으로 계속하는 거예요. 이것은 화학 분야에 속했어요. 그리고 방사선 측정은 방사화학에 속했지요. 분별결정법의 많은 정출 단계 후에 여전히 이렇다 할 양의 라듐이 나오지 않음에도 불구하고 방사선으로 라듐의 농축 정도를 측정할 수 있었답니다. 가이거계수기로 말이에요. 당시 학자들은 밤낮을 가리지 않고 똑딱이는 계수기 앞에서 고생스럽게 보초를 서야 했어요. 자동 기록 장치 같은 것은 아직 없었으니까요. 1938년 12월 19일 오토 한은 리제 마이트너에게 편지를 보냈어요. 물론 저녁에 실험실에서 쓴 것이었죠. 나는 그 중 중요한 내용을 메모했어요. 커다란 발견 직전의 놀라운 순간 포착이 이토록 생생하게 보존되어 있는 경우도 드물지요.

'그러는 동안에 나와 슈트라스만은 리버와 보네(조수들)의 도움을 받아 계속 우라늄 연구에 매달리고 있어. 지금은 밤 11시. 11시 45분에 슈트라스만이랑 교대하고 집에 가려고 서서히 채비를 하고

오토 한과 프리츠 슈트라스만은 이런 탁자에서 조사된, 그리고 화학적으로 조작된 우라늄 샘플의 방사성을 측정했다. 조사, 화학, 방사선 측정은 그러나 서로 다른 영역에서 이루어져야 했다.

있지. 일인즉슨 '라듐 동위원소들'에서 뭔가 이상한 게 있어 네게만 먼저 알리려고…… 세 동위원소의 반감기는 정말이지 정확히 확인되고(이들은 그것이 라듐이라고만 믿었다) 그것들은 바륨 외의 모든 원소와 구분이 돼. 모든 반응은 맞아떨어져. 한 가지만 빼고 말이야. 정말로 이상한 우연이 작용하지 않는다면 이럴 수가 없는데…… 분별결정이 통하지가 않아. (따라서 소위 라듐은 이런 확실한 방법을 통해서도 바륨 속에 농축되지 않았다.) 그래서 우리는 점점 끔찍한 결론에 이르게 돼. 우리의 '라듐 동위원소'는 라듐처럼 행동하는 게 아니라 바륨처럼 행동한다는…….'

그리고 1939년 1월 최종적으로 다음과 같은 발표가 있었어요. '우리의 '라듐 동위원소'는 바륨의 특성을 가진다. 그리하여 화학자로서 우리는 새로운 물질이 라듐이 아니라 바륨이라고 말할 수밖

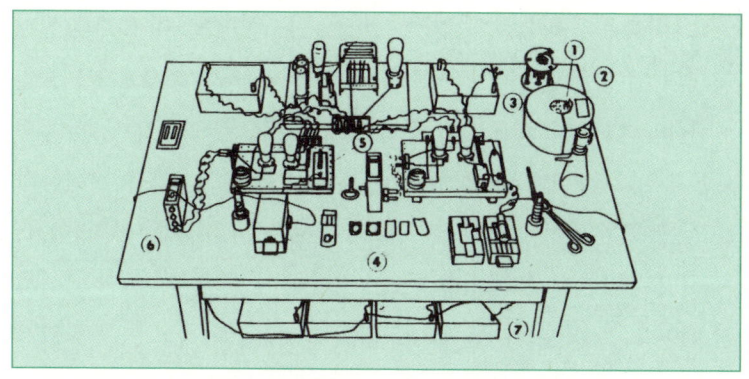

중성자의 속도를 늦추는 파라핀 블록(3)과 더불어 우라늄(2) 조사를 위한 중성자 샘(1). 중성자 샘은 베릴륨과 혼합된 1그램의 라듐으로 이루어졌다.
분열에서 등장하는 방사성 원소들을 증명하기 위한 가이거 뮐러 계수관(4). 아연으로부터 사마륨에 이르기까지 100개 이상의 방사성을 띤, 대부분은 매우 단명하는 동위원소가 형성된다. 원자핵분열은 몇몇 분열의 산물이 방사성 바륨 동위원소로 이의 없이 확인됨으로써 최종적으로 증명되었다.
전기적인 부속물과 증폭기(5), 계수관 임펄스를 위한 역학적 계수기(6), 배터리(7).

에 없다. 라듐이나 바륨 외의 다른 원소들은 고려의 대상이 되지 못하기 때문이다…… 물리학에 가까이 있는 핵화학자들로서 우리는 지금까지의 핵물리학의 모든 경험에 배치되는 이런 현상에 대해 아직 확실하게 결론을 지을 수 없다. 일련의 이상한 우연이 우리를 속였을 수도 있다.'"

"왜 그것이 바륨이라는 결론을 내리기가 그토록 힘들었나요?" 야콥 만이 물었다.

"당시 핵화학에서는 그런 것은 가능하지 않다고 보았으니까요. 그때까지 경험상 원소들은 이웃한 원소들로만 변화되었어요. 가령 베타선을 방출하면서요. 쪼개지는 일은 관찰되지 않았지요. 여류 물리학자 리제 마이트너도 그것을 굳게 확신하고 있었어요. 그녀는 연구팀의 이론가였고 그래서 이런 문제를 해석하는 데 영향력이 컸지요. 바륨은 우라늄보다 훨씬 가벼운 원소였어요. 어째서 양성자 92개의 거대한 원자핵이 양성자 수 56인 바륨 핵(과 양성자 수 36인 또 하나의 핵으로)으로 쪼개질 수 있단 말이지요? (규명 결과 양성자 수 36인 핵은 크립톤이었다.) 초우라늄으로 원소들의 신세계를 건설하려는 꿈은 모두 망상에 불과했던가요? 완전히 그런 것은 아니었어요. 이 시기 우라늄이 경험한 충돌에서 정말로 새로운 원소들이 탄생하긴 했어요. 그것들은 나중에 넵투늄과 플루토늄이라고 이름 지어졌어요. 그러나 무엇보다 또한 이런 쪼개짐이 있었어요. 1939년부터 그 현상은 핵분열이라고 명명되었어요. 리제 마이트너와 그녀의 조카 O. R. 프리슈가 무슨 일이 벌어진 것인지 이론적으로 설명했지요. 그것은 정말로 가능했어요. 원자핵으로부터 에너지가 방출되었기 때문이지요. 학자들은 이런 에너지를 계산했어요. 뒤이어 파리에서 다음과 같은 소식이 날아들었어요. 그 과정에서 심지어 여러 개의 중성자들이 방출될 수 있다고요."

무시무시한 작은 태양을 만들다

"이어 히틀러의 독재로 인해 2차 대전이 시작되었지요." 역사가가 말했다. "그리하여 세계 여러 지역이 폭탄, 피, 죽음으로 얼룩졌어요. 갈릴레이의 망원경 이래 학문은 전쟁 기술에 힘없이 내맡겨져 있었어요. 필요할 때마다 이용되었죠. 이제 핵에너지도요. 우라늄 한 조각은……"

"그것은 동위원소 235였어요." 리제 한이 말했다. "…… 한번 분열이 시작되면 이런 방출되는 중성자를 통해 저절로 분열이 계속 진행되지요. 이런 엄청난 에너지로 히로시마와 나가사키에서 몇만 명이 사망했고, 많은 사람들이 불구가 되거나 병에 걸렸어요. 1945년 이었죠. 미국은 독일의 원자 기술을 두려워한 나머지 최초로 이런 핵분열 폭탄을 개발했어요. 하지만 이런 폭탄을 투하하는 것은 불필요했을 거예요. 일본은 이미 항복할 준비가 되어 있었거든요.

그러고 나서 다른 열강들이 이런 폭탄 생산에 참여했어요. 뒤이어 인도 같은 나라도 핵무기를 보유하게 되었고, 오늘날 거의 모든

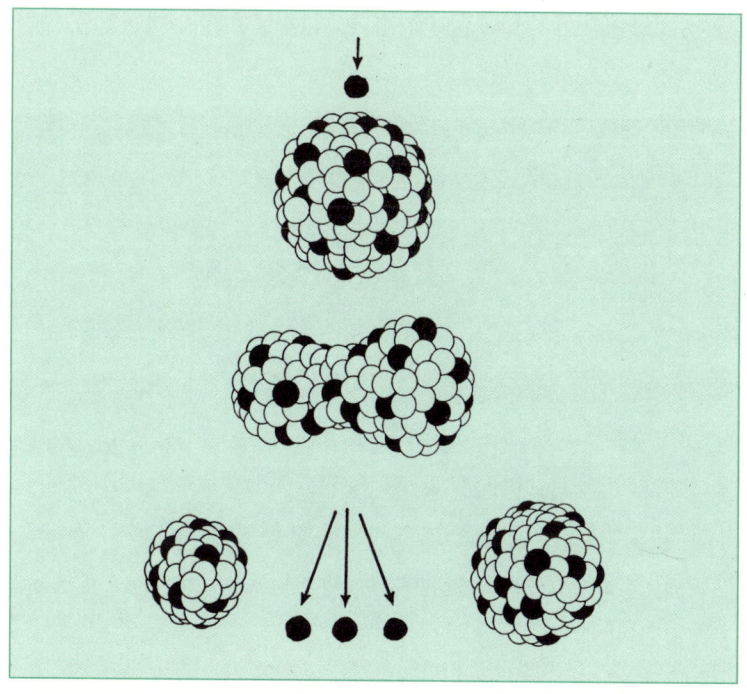

우라늄 핵분열. 중성자 조사를 통해(검은 구) 핵은 거의 동일한 크기로 조각난다. 거기서 (핵) 에너지가 방출되며 여러 개의 중성자가 튀어나온다.

나라가 플루토늄 폭탄이 있는 무기고를 보유하게 되었어요.(가상 상황—옮긴이) 더욱 무시무시한 무기도 나왔어요. 분열되지 않고 융합되는 수소폭탄, 이것은 수소를 무시무시한 작은 태양인 헬륨으로 만드는 것이죠. 또한 폭발하지 않고 방사선을 발하여 모든 살아 있는 생명을 시체로 만드는 중성자 폭탄도 있어요. 당신의 학문이 1900년 직후에 우리에게 선사했던 치명적인 화학무기는 투입을 제한할 수 있었지만 이런 무기의 투입을 제한하는 데는 성공하지 못했어요."

"그런 식으로만 보시는 것으로는 부족하리라 생각합니다." 리제한이 대답했다. "2차 대전의 가장 끔찍한 살인인 수백만의 유대인

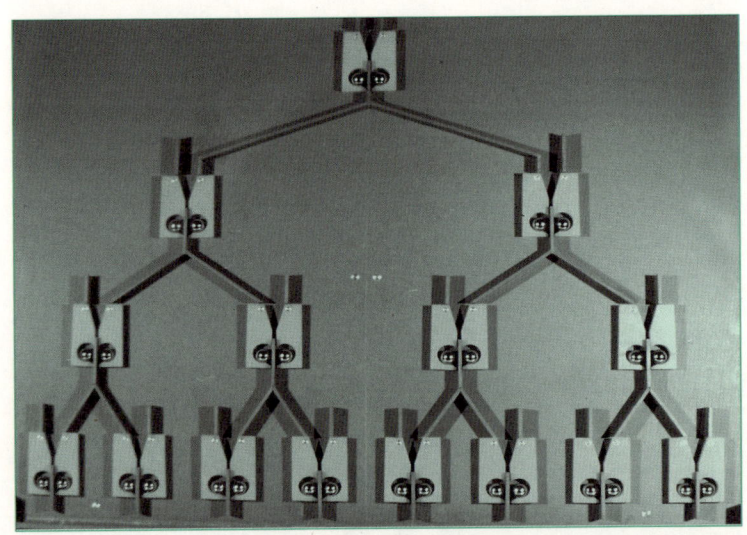

'원자핵'에 중성자 하나를 조사하면 원자핵은 '쪼개지고' 중성자 두 개가 튀어나온다. 그리하여 두 개의 원자핵과 충돌한다. 여기서 네 개의 중성자가 튀어나오고 그 후에 여덟 개가, 그 다음에는 16개가 방출된다. 그리고 나서 우리의 모델은 끝난다. 그러나 제어되지 않은 핵반응에서 이것은 눈사태처럼 불어난다.

학살은 어떤 세련된 무기가 필요치 않았어요. 전쟁이 도착적인 잔인함으로 발전하는 것은 언제나 가능했어요. 그것은 기술로 인해 틀림없이 더 악화될지도 몰라요. 하지만 '학문적' 이데올로기라는 이름으로 행해지는 유대인 학살이나 유색인 학살은 더 나빠요. 1945년 이후에는 더 이상 그런 일이 일어나지 않았지요.

우리는 화생무기의 사용을 금지했어요. 무장을 감시할 수 있었죠. 우리는 원자력 발전소와 2년 전부터는 핵융합 발전소(가상 상황—옮긴이)에서 핵에너지를 평화롭게 활용하고 있어요. 우리는 핵에너지의 유익을 잊지 말아야 할 거예요. 석탄도 석유도 나지 않는 나라들이라고 언제나 가난하라는 법은 없어요. 핵 발전은 전류를 얻는 가장 값싼 가능성이에요. 그 밖에도 석유와 석탄은 합성섬유 같은 화학적 상품과 새로운 재료의 중요한 원료예요. 전류를 얻기 위해 그것들을 쉽게 연소해버리면 안 되죠. 또한 석탄과 석유를 이용하는 화력 발전은 배기가스 정화 장비가 있음에도 불구하고 공기를 오염시켰죠. 화력 발전소에서 배출되는 이산화탄소는 우리의 대기와 기후를 변화시켰어요. 그에 비해 원자력 발전소의 안전성은 10년 전에 비해 10배로 높아졌어요! 그래요. 그에 수반되는 문제도 잘 알고 있어요."

"특히 방사성 말이죠." 역사가가 말했다.

"무엇보다 방사성의 문제죠. 원자력 발전소의 방사성 폐기물은 처리가 아주 힘들어요. 그것들은 수백 년 수천 년 동안 방사선을 뿜지요. 그래서 안전하게 관리되어야 해요. 게다가 폐기물은 점점 늘어나게 마련이니까요. 우리는 방사성 폐기물을 깊은 구덩이에 묻기로 결정했어요. 유리 속에 녹여 부어서요. 그렇게 하면 안전하리라

태양처럼 수소 핵융합으로부터 에너지를 얻고자 하는 노력은 25년 전부터 진행되어왔다. 내부의 하얀 띠 부분에 수백만 도의 수소가 위치하게 된다. 수소는 코일의 자기장을 통해 빙빙 돌며 벽으로부터 거리를 유지하게 된다.

고 생각하고 있어요. 하지만 그것들은 수천 년 동안 그 상태로 있어야 하고 양은 점점 늘어나요. 폐기물의 재활용은 포기된 상태죠. 우라늄은 충분하고, 방사성 폐기물을 취급하는 것은 위험하니까요. 원자력 발전소의 안전성은 아직 문제로 남아 있어요. 하지만 그것은 기술적인 문제라기보다는 인간적인 문제예요. 기술은 점점 발달하고 있지요. 1986년 러시아 체르노빌에서 일어난 최초의 원자력 발전소 폭발 사건도 인간의 부주의로 인한 것이었죠. 자동 정지 장치가 꺼져버렸던 거예요. 기술적 요인보다는 그 기술을 잘못 사용하는 인간적 요인이 문제인 것이죠."

"하지만 그것은 우리가 사는 세계를 순식간에 끔찍한 지옥으로 바꿀 수도 있어요." 역사가가 말을 이었다. "이런 인간적인 위험 요소를 우리는 배제할 수 없어요. 그 영향권만을 제한할 수 있을 따름이죠. 그러기에 저는 인간이 권력남용으로 인해 위험을 빚을 수 있는 기술은 사용하지 말아야 한다고 생각해요."

"핵에너지가 그렇게 위험하다고 생각하세요?" 세계 의회 의원 한 사람이 처음으로 입을 열었다.

"요즘 사건들로 인해 나는 그렇게 확신하고 있어요."

"이런 일들이 일어나지 않았다면요?"

"하지만 그러면 이에 대해 이토록 급진적으로 생각하지는 않았겠죠."

다행히도 2030년의 이런 '사건들'은 아직까지 일어나지 않았다. 따라서 우리는 꼭 그렇게 급진적으로 생각하지 않아도 된다. 아니면 그럼에도 핵기술을 사용하지 말아야 하는 걸까? 그렇다면 세계의 에너지 부족은 어떻게 해결해야 할까? 특히 연료가 부족한 가난한 나라들의 에너지 부족은? 태양 에너지나 슬기로운 에너지 절약 기술이 핵에너지를 포기하기 위한 해결법이 될 수 있을까?

히로시마에 투하된 원자폭탄의 버섯구름. 이런 끔찍한 일이 다시 일어날까?

• **원자폭탄** : 1938년에 발견된 우라늄 핵분열에 기초하여 2차 대전 때 미국에서 개발되었다. 미국인들은 원자폭탄 개발에서 독일인에게 선수권을 넘겨주어서는 안 된다고 생각했다. 그러나 당시 독일에서는 원자폭탄 개발에 대한 진지한 작업이 거의 이루어지고 있지 않았다. 그리하여 미국인들은 1945년 독점적으로 원폭을 투하하게 되었다. 독일은 운이 좋았다. 전쟁에는 패배했지만, 역사상 최초의 원자폭탄은 일본의 히로시마와 나가사키에 투하되었던 것이다. 이때 사실상 일본은 항복할 준비가 되어 있었다. 원자폭탄으로 인한 방사선 피폭으로 10만 명 이상이 곧장, 혹은 서서히 끔찍한 고통 속에서 죽어갔다. 많은 사람들은 수십 년 동안 병을 앓기도 했다. 그 뒤 기형아 출산률도 상승했다.

• **한, 오토**(1879~1968) : 핵분열 발견에 오토 한과 프리츠 슈트라스만, 리제 마이트너가 각각 얼마만큼씩 기여했는지는 알 수 없다. 이에 대한 역사가들의 의견은 분분했다. 그것은 틀림없이 '팀' 워크 속에서 이루어졌을 것이다. 그러나 그 시대는 다 그랬듯 '팀장'이 공적으로 더 나은 대접을 받았다. 그리하여 오토 한은 1944년 노벨 화학상을 받았다(그는 화학자였으며 그 연구는 무엇보다 방사화학적 연구였다).

이번 장에서 나는 리제 마이트너와 오토 한의 이름을 결합한 가상의 여류학자 리제 한을 화자로 설정하여 원자물리학 이야기를 하게 하였다. 역사가로 등장한 야콥 만이라는 이름은 19세기의 가장 위대한 역사 연구가 중 한 사람인 야콥 부르크하르트와 현시대의 가장 저명한 역사학자 골로 만의 이름에서 따온 것이다.

• 방사능 : 방사선은 1896년에 (A. H. 베크렐에 의해) 발견되었다. 방사선은 원자핵이 분열하면서 방출된다. 1900년 직후 E. 러더퍼드와 다른 학자들은 방사선이 알파선(헬륨 기체의 일부), 베타선(전자), 감마선(에너지가 매우 높은 전자기파), 이 세 종류로 이루어질 수 있음을 확인하였다. 알파선은 물질에 빠르게 흡수되며, 베타선은 훨씬 더 멀리까지 미칠 수 있다. 가장 투과력이 강한 것은 감마선이다. 그래서 외부에서 방출될 경우 감마선이 가장 위험하다. (알파선과 베타선도 피부 위나 몸속에서 직접적으로 방출되면 위험할 수 있다.)

방사성의 측정 단위는 '베크렐(Bq)'이다. 1베크렐은 1초당 1번의 원자 분열을 의미한다. 그러나 이런 단위는 생물학적으로 중요하지 않다. 방사선은 아주 다양한 작용을 유발할 수 있기 때문이다. 모든 방사선이 원칙적으로 파괴적이다. 인체 원자의 전자들을 쪼개고 '이온화' 시킴으로써 이런 신체 원자들로 하여금 다양한 과제를 수행하지 못하도록 만들기 때문이다. 오늘날 그 생물학적 작용은 '시버트(S)' 또는 '밀리시버트(mS)'로 측정된다. 독일의 경우 자연 방사선은 1년에 약 2mS(초기의 단위로는 약 200mrem)이다. 그러나 수치는 지역마다 차이가 난다. 자연 방사선은 우주로부터 공기로부터 대지로부터 받는 방사선이다. 의학적 검사로부터 받는 방사선은 연간 1.5mS 정도이다. 그러나 그것은 개인마다, 연도마다 다르다.

1590 갈릴레이, 떨어지는 돌, 납, 나무 조각에 대해 최초로 기술(《운동에 관하여(*De motu*)》)

1600 영국 엘리자베스 여왕의 주치의 길버트의 자기와 전기 실험(《자석에 관하여 (*De magnete*)》)

1602 광선은 어떻게 굴절되는가? 해리엇의 굴절 법칙 발견(1620년에는 스넬도 굴절 법칙을 확립하는데, 이 내용은 데카르트를 통해 비로소 공개된다)

1605 네덜란드인 얀스존(Janszoon), 호주 대륙 발견

1609~10 갈릴레이, '네덜란드'의 망원경을 개선하여 달에 있는 크레이터, 목성의 위성들, 은하수에 있는 수많은 별들을 발견

1618 30년 전쟁 발발

1630 스웨덴 국왕 구스타프 아돌프, 30년 전쟁에 개입. 1632년 뤼첸 전투에서 전사.

1633 갈릴레이, 고문이 두려운 나머지 로마에서 지구는 움직이지 않는다고 맹세

1638 횡목은 어떻게 휘어지는가, 돌은 얼마나 빨리 떨어지는가, 진자가 어떻게 흔들리는가? 갈릴레이, 이 모든 것에 하나로 답함.(《두 개의 신과학에 대한 수학적 논증과 증명……》)

1642 갈릴레이, 피렌체에서 사망

1648 30년 전쟁 종식. 독일에서 인구의 반가량이 30년 전쟁에 희생당함.

1661 '태양왕' 루이 14세의 주도하에 베르사유 궁전 건립 시작

1665 후크, 두 개의 렌즈가 장착된 현미경으로 식물 세포 발견

1670년경 뉴턴, 운동을 기술하기 위한 '미적분' 고안하고 모든 떨어지는 돌과
행성의 궤도를 중력으로 설명. 유리 프리즘을 이용해 빨강에서 보라까지
빛을 분산시킴.

1673 레벤후크, (렌즈가 하나인) 단현미경으로 적혈구를 발견

1687 뉴턴, 근대과학의 바이블이라 할 수 있는 《프린키피아(자연철학의 수학적 원
리)》 저술

1700 이후 혹스비, 회전 가능한 속이 빈 유리구슬로부터 번개를 만들어냄. 이것
이 기전기의 탄생으로 이어짐.

1709 뵈트거와 취른하우스, 유럽 최초의 도자기 고안

1711 뉴커먼, 증기기관 발명

1714 헨델, '수상음악' 작곡

1721 바흐, '브란덴부르크 협주곡' 작곡

1729 그레이, 전기 도체와 부도체 구분

1740 프리드리히 대왕(프리드리히 2세), 프로이센의 왕으로 등극(1786년까지)

1745 전기가 포도주처럼 '라이덴 병'에 저장됨(네덜란드의 뮈센브루크)

1752 금속 막대기로 구름으로부터 번개를 끌어냄(프랭클린에 따른 최초의 피뢰침)

1758~59 1705년 핼리는 자신이 1682년에 관측했던 혜성이 1758년에 다시
출현할 것이라고 예측했고 이것이 사실로 드러남(핼리 혜성)

1762 모차르트, 6세의 나이로 마리아 테레지아 황녀 앞에서 연주

1769 와트, 대폭 개선된 증기기관으로 특허를 따냄

1776 살아 있는 오랑우탄, 최초로 유럽(네덜란드) 땅을 밟음

1781 허셜, 반사망원경으로 새로운 행성(천왕성) 발견

1789 파리에서 프랑스 혁명 발발

1791 갈바니, 개구리 뒷다리를 이용한 전기 실험에 대해 보고

1792 볼타, 갈바니의 '동물 전기'는 '2× 금속 + 액체 도체'일 뿐이라고 설명

1799 볼타, 볼타전지 고안

1800 ~ 01 태양광선에서 눈에 보이지 않는 전자기파 발견. 허셜이 태양광선을 프리즘으로 분산시켰을 때 붉은색 바깥에 있는 적외선(IR)과, 보라색 바깥쪽에 있는 자외선(UV)을 발견.

1806 나폴레옹, 영국과의 모든 교역을 금지시킴(대륙 봉쇄)

1814 프라운호퍼, 태양광선 스펙트럼에 수백 개의 암선이 있음을 확인

1820 전류가 자침을 흔들리게 함(외르스테드)

1822 프레넬의 거울 실험으로 빛=파동임이 최종적으로 증명됨

1826 옴, 옴의 법칙 발견. 전압=전류의 세기 × 저항

1830 증기철도, 영국에서 최초로 여객 수송 수단으로 이용됨

1831 패러데이, 전기유도 발견. 자기장의 변화가 전류를 만듦.

1837 모스의 전신 발명

1838 다게르의 사진술 발명

1842 마이어, 에너지 보존 법칙 정립. "에너지의 총량은 변하지 않는다. 형태만 바뀔 따름이다."

1861 파충류와 조류의 연결고리 격인 화석화된 시조새 '아르케옵테릭스' 발견

1868 얀센, 프라운호퍼선을 통해 태양광선에서 미지의 원소 발견(헬륨)

1871 비스마르크의 독일 통일

1879 지멘스, 전기 기관차 생산

1887 다임러, 최초의 가솔린 엔진 자동차 조립

1888 헤르츠, 전파 발견

1895 뢴트겐, X선 발견

1900 플랑크, 복사선(방사선)이 파동이 아니라 작은 꾸러미(양자)로 전달된다고
     주장

1901 뢴트겐, 최초로 노벨 물리학상 수상

1912 프리드리히, 크니핑, 폰 라우에, X선이 파동이며, 결정이 규칙적인 배열을
     하고 있음을 증명

1914 ~ 1918 1차 세계 대전. 유탄, 비행기, 잠수함, 유독가스 등이 '진보'된
     살상 무기로 투입

1915 아인슈타인, 일반 상대성 이론 발표

1916년부터 이오페, 결정에 많은 원자구멍이 있다고 설명

1918 뉴욕과 워싱턴 사이에 최초로 정기 항로 개설

1924년부터 폴, 소금 결정의 색깔 연구

1935 쇼트키, 폴의 소금 결정 속의 '컬러센터'를 전자 하나가 들어간 원자의 빈
     자리로 설명

1938 한, 슈트라스만, 리제 마이트너의 우라늄 핵분열 발견

1939 쇼트키, 전기 고체 정류기(1926년부터 활용)의 작동 설명

1939 ~ 1945 2차 세계 대전. 전쟁 기술은 '더욱 완벽해짐'. 1945년, 미국이
     히로시마와 나가사키에 원자폭탄을 투하.

1946 X선을 통한 페니실린 원자 구조 규명

1947 바딘, 브래튼, 쇼클리의 트랜지스터 발명. 이로써 마이크로 전자공학이 민

간에 활용되기 시작함

1952 미국의 텔러, 수소폭탄 고안

1953 X선을 이용해 인체 DNA의 원자 구조 규명(왓슨과 크릭)

1967 바너드, 최초로 인간에 대한 심장 이식수술에 성공

1969 인간(암스트롱)의 달 착륙

1986 러시아 체르노빌 원전 사고

1990 최대의 X선 망원경(ROSAT) 발사. 이는 비슷한 시기에 발사된 최초의 우주

망원경(허블 망원경)보다 성능이 좋은 것으로 알려짐.

2030 세계 각국이 다시는 전쟁을 하지 않기로 합의(?)

옮긴이 유영미

연세대 독어독문학과를 졸업하고 같은 학교 대학원을 졸업했다. 현재 전문번역가로 활동하고 있다. 옮긴 책으로 《진화의 외도》,《야생거위와 보낸 일년》,《진화 오디세이》,《카페 안드로메다》,《왜 세계의 절반은 굶주리는가?》 등이 있다.

청소년을 위한 이야기 과학사

초판 1쇄 발행 2008년 5월 26일
초판 24쇄 발행 2023년 8월 21일

지은이 위르겐 타이히만 **옮긴이** 유영미

발행인 이재진 **단행본사업본부장** 신동해
교정 이원희 **디자인** 이석운
마케팅 최혜진 이은미 **홍보** 반여진 허지호 정지연
국제업무 김은정 **제작** 정석훈

브랜드 웅진지식하우스
주소 경기도 파주시 회동길 20
문의전화 031-956-7430(편집) 02-3670-1123(마케팅)
홈페이지 www.wjbooks.co.kr
인스타그램 www.instagram.com/woongjin_readers
페이스북 https://www.facebook.com/woongjinreaders
블로그 blog.naver.com/wj_booking

발행처 ㈜웅진씽크빅
출판신고 1980년 3월 29일 제406-2007-000046호

한국어판 출판권 ⓒ 웅진씽크빅 2008
ISBN 978-89-01-08203-5 44080